AF275256

COLEX

Disfrute gratuitamente **DURANTE UN AÑO** de los eBook y audiolibros de las obras de Editorial Colex*

⊘ Acceda a la página web de la editorial **www.colex.es**

⊘ Identifíquese con su usuario y contraseña. En caso de no disponer de una cuenta regístrese.

⊘ Acceda en el menú de usuario a la pestaña «Mis códigos» e introduzca el que aparece a continuación:

RASCAR PARA VISUALIZAR EL CÓDIGO

Ecos del fascismo en el Brasil de Getúlio Vargas

⊘ Una vez se valide el código, aparecerá una ventana de confirmación y su eBook y/o audiolibro estará disponible **durante 1 año desde su activación** en la pestaña «Mis libros» en el menú de usuario.

---

* Los audiolibros están disponibles en las ediciones más recientes de nuestras obras. Se excluyen expresamente las colecciones «Códigos comentados», «Biblioteca digital» y los productos de www.vademecumlegal.es.

No se admitirá la devolución si el código promocional ha sido manipulado y/o utilizado.

¡Gracias por confiar en nosotros!

La obra que acaba de adquirir incluye de forma gratuita la versión electrónica. Acceda a nuestra página web para aprovechar todas las funcionalidades de las que dispone en nuestro lector.

Funcionalidades eBook

Acceso desde cualquier dispositivo con conexión a internet

Idéntica visualización a la edición de papel

Navegación intuitiva

Tamaño del texto adaptable

Síguenos en: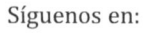

4

ECOS DEL FASCISMO EN EL BRASIL DE GETÚLIO VARGAS (1930-1954)

4

ECOS DEL FASCISMO EN EL BRASIL DE GETÚLIO VARGAS (1930-1954)

Fabio Gentile

COLEX 2025

La publicación de la edición en español contó con el apoyo financiero del Centro Nacional de Investigaciones Científicas de Brasil, proyecto número 408788/2023-2

Traducción del italiano al español
© Franco Savarino

© Editorial Colex, S.L.
Calle Costa Rica, número 5, 3.º B (local comercial)
A Coruña, 15004, A Coruña (Galicia)
info@colex.es
www.colex.es

I.S.B.N.: 979-13-7011-385-8
Depósito legal: C 1595-2025
DOI: https://doi.org/10.69592/979-13-7011-385-8

SUMARIO

I
BRASIL ENTRE FINALES DEL SIGLO
XIX Y LA PRIMERA REPÚBLICA (1891-1930). UNA VISIÓN GENERAL

II
EL TRIUNFO DEL FASCISMO Y DEL CORPORATIVISMO EN LA *ERA VARGAS*

III
EL ESTADO NOVO EN LA ERA DE LOS FASCISMOS
ENTRE LAS DOS GUERRAS MUNDIALES

IV

**MÁS ALLÁ DEL AUTORITARISMO Y EL FASCISMO.
QUEREMISMO Y (NEO)*TRABAJISMO* ENTRE LOS AÑOS
CUARENTA Y PRINCIPIOS DE LOS AÑOS CINCUENTA**

V
CONCLUSIONES

AGRADECIMIENTOS

BIBLIOGRAFÍA

PRÓLOGO DE MOTIVACIÓN

El presente libro se enmarca en la sólida trayectoria académica e intelectual de Fabio Gentile, un investigador cuya labor combina la rigurosidad de las ciencias sociales con la capacidad de lectura crítica de la política contemporánea. Gentile es profesor de Ciencias Políticas en el Departamento de Ciencias Sociales de la Universidad Federal del Ceará (Brasil), además de coordinador del Doctorado en Sociología. Este conjunto de cargos refleja no solo su reconocimiento institucional, sino también la confianza depositada en su visión analítica y en su compromiso con la formación de nuevas generaciones de investigadores y profesionales de las ciencias sociales.

Desde el Centro de Estudios en Ciencias Constitucionales, hemos acordado la importancia de incorporar esta obra a la *Colección Iberoamericana de Ciencias Constitucionales*, la cual dirige su propia directiva, al tratarse una traducción de un libro ya publicado en lengua italiana, cuya investigación el autor referenciado asume como propia y se hace responsable de su dirección, al tiempo que nos facilitó la autorización de la editorial que publicó el libro inédito, ya que supone un plus no sólo para esta colección, sino también para este libro, ya que determina la importancia internacional de los análisis que se realizan en el interior de la obra. De este modo, consideramos que la monografía que tengo el honor de prologar supondrá una importante aportación a los demás libros que han sido incorporados y enriquecerá el contenido de futuras investigaciones. Y así lo plasmo, como subdirector de la mentada colección, en este prólogo.

El presente volumen constituye el resultado de más de quince años de investigación de Fabio Gentile. Su formación académica y su trayectoria internacional lo han convertido en una de las voces más autorizadas en el estudio del autoritarismo, el populismo y las derechas en perspectiva comparada y transnacional. Entre sus publicaciones más destacadas se encuentran *Achille Lauro: un imprenditore politico dell'Italia repubblicana* (2008), *La rinascita della destra. Il laboratorio ideológico-político napoletano da Salò ad Achille Lauro* (2013) y la coordinación, junto con Antonio Costa Pinto, del número monográfico de Conhecer titulado *Populismo. Teorías y casos* (2020).

En esta obra, Gentile dirige su mirada al Brasil de la primera mitad del siglo XX, y particularmente a la Era Vargas (1930-1954), para analizar cómo las ideas del fascismo italiano y del corporativismo fueron recibidas, reelaboradas y adaptadas en el contexto brasileño. El autor demuestra que el régimen de Getúlio Vargas incorporó elementos del corporativismo fascista —sobre todo en la legislación laboral—, sin reproducir en su totalidad el modelo totalitario europeo. Se trató de una apropiación selectiva que buscaba modernizar el país bajo un fuerte intervencionismo estatal, combinando nacionalismo, justicia social y control político.

A lo largo del ensayo se examina el papel de intelectuales como Oliveira Vianna y Azevedo Amaral, quienes contribuyeron a conceptualizar una vía brasileña al Estado corporativo. Gentile argumenta que el varguismo representó una «tercera vía» entre liberalismo y comunismo, en sintonía con la búsqueda global de alternativas al capitalismo liberal y al socialismo soviético en el periodo de entreguerras. El libro también ilumina las paradojas del legado varguista: cómo un régimen de inspiración autoritaria pudo, al mismo tiempo, impulsar una avanzada legislación social que, con el tiempo, sería defendida incluso por sectores progresistas. Esta tensión entre autoritarismo y justicia social, entre control político y modernización, constituye uno de los núcleos interpretativos más sugerentes de la obra.

La investigación se apoya en un amplio corpus documental y bibliográfico, incluyendo fuentes archivísticas brasileñas e italianas, así como debates internacionales recientes sobre el fascismo transnacional. Con ello, Gentile inserta la experiencia brasileña en una historia más amplia de circulación de modelos autoritarios en el siglo XX, mostrando cómo América Latina no fue una mera receptora, sino también un laboratorio creativo de nuevas formas de Estado. *Ecos del fascismo en el Brasil de Getúlio Vargas* es, en suma, un libro imprescindible para comprender no solo la historia política brasileña, sino también la compleja interacción entre Europa y América Latina en la era de los fascismos. Su aporte invita a pensar de manera crítica los procesos de modernización autoritaria y sus huellas persistentes en las democracias contemporáneas.

La obra que el lector tiene en sus manos debe entenderse como la culminación de un recorrido intelectual que ha sabido unir tradición y renovación, teoría e investigación empírica, historia y presente. Gentile se ha caracterizado por una constante atención a las transformaciones políticas y sociales, con un particular énfasis en los procesos de construcción ideológica y en la emergencia de liderazgos populistas en contextos diversos.

Su producción académica ha dejado huellas significativas. En *Achille Lauro: un imprenditore politico dell'Italia repubblicana* (Mephite, 2008), Gentile trazó un retrato minucioso de una de las figuras más singulares de la política italiana, mostrando cómo el entrecruzamiento entre empresa, poder y consenso popular dio lugar a nuevas formas de liderazgo político en el marco de la Italia republicana. Años más tarde, en *La rinascita della destra. Il laboratorio ideológico-político napoletano da Salò ad Achille Lauro* (Edizioni Scientifiche Italiane, 2013), el autor profundizó en los procesos de reconstrucción ideológica de la derecha italiana, con especial atención al caso napolitano, que funcionó como un verdadero laboratorio político tras el final de la Segunda Guerra Mundial.

Estas investigaciones no solo reconstruyen episodios históricos, sino que iluminan con gran lucidez debates actuales sobre las derechas, los populismos y las formas de articulación entre ideología y poder. De ahí que su trabajo tenga un alcance que trasciende el ámbito nacional italiano y resulte pertinente para pensar fenómenos políticos globales.

Otro aporte fundamental de Gentile ha sido su labor de coordinación y diálogo académico internacional. En 2020, junto con Antonio Costa Pinto, editó un número monográfico de la revista Conhecer dedicado al tema *Populismo. Teorías y casos*, donde se confrontaron distintas perspectivas teóricas con análisis empíricos de gran relevancia. Esta publicación marcó un hito al ofrecer un mapa crítico de las múltiples expresiones del populismo en distintos contextos, contribuyendo a consolidar un campo de estudios en constante expansión.

El estilo de Fabio Gentile se distingue por la claridad analítica, el equilibrio entre teoría y evidencia, y una notable capacidad de contextualización histórica. En sus textos, el rigor metodológico nunca excluye la sensibilidad política; por el contrario, se articula con ella para ofrecer interpretaciones que ayudan al lector a comprender mejor tanto los procesos pasados como los dilemas contemporáneos.

Este libro, en consecuencia, se inscribe en esa misma línea de trabajo: una invitación a reflexionar sobre los fundamentos del poder político, las dinámicas de movilización social y los discursos que estructuran el espacio público. Gentile nos conduce a través de un recorrido en el que la historia se convierte en clave para descifrar el presente, y en el que la sociología y la ciencia política dialogan permanentemente.

Leer a Fabio Gentile significa encontrarse con un autor que no teme abordar las preguntas difíciles ni explorar las tensiones que configuran nuestras sociedades. Su formación académica, su experiencia docente y sus investigaciones hacen de él una voz autorizada para analizar con profundidad fenómenos políticos complejos, sin perder de vista la necesidad de hacer accesible el conocimiento al lector interesado.

Por todo ello, esta obra debe ser leída como algo más que un estudio especializado: es una herramienta de comprensión crítica, una guía para quienes buscan desentrañar los mecanismos de poder, ideología y representación política que atraviesan nuestras democracias contemporáneas. En este sentido, constituye un aporte imprescindible para investigadores, estudiantes y ciudadanos que deseen comprender mejor los desafíos de nuestro tiempo.

Subdirector de la Colección Iberoamericana de Ciencias Constitucionales

Manuel Cabanas Veiga

Profesor Investigador Ramón y Cajal de la facultad de Derecho, Economía y Turismo de la Universidad de Lleida

PREFACIO EDICIÓN ESPAÑOLA

La trayectoria profesional de Fabio Gentile guarda alguna semejanza con la mía. Napolitano él y turinés yo, dos jóvenes investigadores italianos interesados en América Latina ente otros temas de ciencias sociales, enfrentamos un ambiente académico cerrado y hostil en el momento de iniciar nuestras carreras profesionales. De allí la decisión de abandonar Italia, de unirnos a esa «fuga de cerebros» que sufrió y sigue padeciendo el país europeo, y de buscar espacios de desarrollo profesional en américa. ¡América! Tierra de oportunidades y del porvenir, abierta desde siempre a los europeos talentosos y ambiciosos en busca de un futuro mejor.

Fabio eligió Brasil, convirtiéndose en profesor en la Universidad Federal de Ceará, en Fortaleza, yo me decidí por México, uniéndome al cuerpo docente de la Escuela Nacional de Antropología e Historia, en la Ciudad de México. Fue para ambos una elección de vida, no solo profesional, que implicó nuevos lazos familiares, redes de amistades, lugares para morar, hábitos, gustos, modos de pensar y un nuevo idioma que usar en la vida diaria como hispanoparlantes y lusoparlantes. Pensarnos e identificarnos como latinoamericanos de ascendencia italiana es, sin duda, un elemento esencial para comprender nuestro trabajo profesional y nuestra biografía.

Después de explorar diversas temáticas encontramos un terreno común en el estudio de los regímenes y movimientos autoritarios de corte nacionalista y populista de la primera mitad de los años veinte. Fabio, con una formación en ciencias políticas y sociología, me aventajaba porque yo tenía una formación de historia contemporánea: esta diferencia de *trayectoria previa* y enfoques influye naturalmente en nuestro modo de abordar una temática que es, de todos modos, abierta a estudios pluridisciplinaris. Nos conocimos en ocasión del Congreso sobre Fascismo transnacional que convoqué en 2021 en formato virtual en la Ciudad de México, en donde presentamos y discutimos trabajos sobre la influencia del fascismo y el modelo corporativo en América Latina junto con Antonio Costa Pinto y otros especialistas internacionales.

Reconocimos de inmediato un terreno común de intereses y perspectivas de estudio. Para ambos, era evidente la necesidad de movernos en un horizonte transnacional, sopesar la creatividad propia de los latinoamericanos frente al aporte y la inspiración europea y superar la reticencia del mundo académico en reconocer las influencias externas (especialmente si se trata de inspiración en regímenes e ideologías totalitarias) e incluir nuevos paradigmas interpretativos. Nos llamó la atención especialmente el eco y recepción del modelo fascista italiano en América Latina, que venía a confirmar el carácter transnacional de esta ideología.

Esta difusión de inspiraciones fascistas se explicaba en buena medida —más allá de la propaganda y de simpatías superficiales— por razones estructurales, por las determinantes de la época. Los populismos latinoamericanos de la primera mitad del siglo XX, en efecto, se justificaban por los mismos impulsos históricos y por fuerzas sociales análogas a lo que sucedía en Europa en los mismos años, donde se extendían regímenes autoritarios nacionalistas y corporativos, entre ellos el fascismo italiano. Construir el estado moderno, solucionar el conflicto entre capital y trabajo ofreciendo una alternativa a los modelos liberal y socialista, dar impulso al crecimiento económico con la coordinación y patrocinio del Estado, moldear la nación cultural, movilizar a las masas para incluirlas en el proyecto político y elevar la reputación del estado-nación en el plano internacional.

Brasil y México —junto con Argentina— eran los estados latinoamericanos más grandes y dotados de las mayores ambiciones, por lo cual era natural elegirlos casos de estudio. En la época que nos interesa se formaron allí regímenes populistas autoritarios empeñados en el desarrollo nacional, económico y social: el régimen nacional-desarrollista de Getúlio Vargas en Brasil (*Estado Novo*), y el régimen nacional-revolucionario de Plutarco Elías Calles y Lázaro Cárdenas en México. Ambos fueron nacionalistas, desarrollistas, corporativos y se inspiraron en algunos aspectos en el régimen fascista italiano de Benito Mussolini. No llegaron a ser completamente totalitarios, no ambicionaron a crear un «hombre nuevo» y no fueron belicistas e imperialistas, como sucedió con los fascismos europeos.

El caso de Brasil examinado por Gentile en su libro, que evidencia también la influencia del salazarismo portugués, reproduce el esquema de un fuerte intervencionismo del Estado en todos los aspectos de la vida nacional (sin un partido único oficial de masas como en el caso del PNR-PRM-PRI mexicano), enfocado especialmente al desarrollo institucional, industrial y social. Es un caso de modernización autoritaria acorde con los parámetros de la época donde el intervencionismo estatal afectaba incluso a regímenes liberal democráticos como los Estados Unidos de América.

La tesis principal de Gentile es que autoritarismo populista «social» brasileño de los años treinta-cuarenta fue fuertemente influenciado por el modelo corporativo del fascismo italiano y configura, en sus palabras, una «vía brasileña al Estado corporativo». Este planteamiento enmarcado dentro de la perspectiva transnacional desafía los modelos desarrollados sobre base nacional, un *camino especial* brasileño que habría llevado el país a superar las etapas liberales oligárquicas mediante un enérgico nacionalismo autoritario con rasgos sociales bajo la guía de Getúlio Várgas.

La recepción del fascismo italiano en América Latina es todo un tema que aún queda por explorar en múltiples aspectos confrontando las diversas experiencias nacionales. Como se puede notar también en el caso de México, lo que estaba construyendo el régimen fascista en temas de organización del trabajo, dirección económica, estructuras estatales y partidistas, etc. como «tercera vía» corporativa al liberalismo y al socialismo, era objeto de atención, estudios e imitaciones en el Continente Americano. El régimen nacional revolucionario mexicano, receloso de admitir influencias externas, especialmente de regímenes totalitarios, recaudó e hizo suya mucha información de manera discreta, bajo el agua, mientras en Brasil la influencia fascista fue más explícita y a la luz del sol, aunque reconocida con justificaciones *sui generis* y adaptaciones originales no sólo de la fuente italiana sino de teóricos europeos de la talla de Manoïlescu.

El hecho de que el régimen autoritario varguista en Brasil estuviera interesado y disponible a incorporar sugerencias provenientes de la Italia fascista no debe sorprender. El estudio de Gentile —sobre la base de una abundante documentación de archivo y obras publicadas— pone en evidencia la profundidad e importancia de esta inspiración, sin sugerir que fuera una mera imitación, pues el *Estado Novo* fue una construcción original brasileña con muchos elementos innovadores que lograron pasar la prueba del tiempo. Vargas sacó provecho del ejemplo fascista sobre todo en materia laboral y es forzoso reconocer que el sistema corporativo de los años treinta sigue siendo la estructura de la organización sindical brasileña de hoy día.

Brasil, simplemente, se alineaba a las tendencias de su época, reflejaba procesos y problemas comunes en el mundo enfrentando la crisis del capitalismo y el desafío del comunismo soviético. Como bien apunta Gentile, Vargas pretendía construir un modelo de Estado capaz de dirigir las transformaciones y los conflictos inevitables provocados por el paso de la sociedad agrícola a la moderna sociedad industrial. Así el corporativismo, desvinculado de su matriz fascista totalitaria, fue reelaborado de acuerdo con la exigencia de inhibir el conflicto de clase, «prevenir» el enfrentamiento de clases, producido por el nacional desarrollismo industrialista adoptado en Brasil.

Por su lado también el régimen de Mussolini estaba interesado en promoverse y de crear una solidaridad internacional fascista, especialmente en las poblaciones y países cultural e históricamente «hermanos» de América Latina, con el auxilio de los conceptos de «latinidad», «romanidad» e «italianidad». En un trabajo que escribí sobre el tema propuse que lo que se iba configurando en los años treinta fue un «Eje Latino» para apoyar las ambiciones expansionistas e imperiales de Italia. La influencia fascista italiana en el régimen de Vargas y particularmente en la AIB de Salgado ayudaba a cultivar la ilusión de exportar la «revolución fascista» en Brasil y de crear «un Brasil integralista obediente a la voluntad de Roma» (en palabras de un agente italiano), cosa que, como sabemos, no ocurrió. El libro de Gentile ayuda a comprender por qué las ambiciones italianas no tuvieron éxito gracias, entre otras cosas, a la pronta intervención de Vargas para detener el peligroso desafío de la *Ação Integralista Brasileira* (AIB) a su régimen.

Gentile se sorprende de que el PT, laborista e izquierdista, haya defendido la legislación laboral Varguista porque inspirada en el fascismo italiano, señala una «paradoja» sobreentendiendo que las referencias e inspiraciones deberían marcar claramente una distinción entre derecha e izquierda. El punto es que esta legislación italiana —en primer lugar, la *Carta del Lavoro*— representa justamente la vertiente izquierdista y semi-socialista del régimen de Mussolini, con lo cual la paradoja ya no es tan paradójica. El movimiento sobre el eje derecha-izquierda es frecuente y, a menudo, tan rápido como ambiguo, además los sujetos y entes políticos nunca ocupan una posición inequívoca y permanente en un lado del eje o en el otro. El *Estado Novo* brasileño, como el *Maximato* mexicano o el *Fascismo* italiano deben verse como una combinación de elementos de derecha y de izquierda en proporciones variables y cambiantes con el tiempo. Si asumiéramos, pues, que el régimen de Mussolini, del cual la AIB y el Varguismo sacaron muchas inspiraciones, no se puede colocar a secas en el campo de las derechas, sino en una posición ambigua, quizás céntrica o ulterior a la díada clásica del campo político, resultaría más inteligible el lado izquierdista del fascismo.

El *Estado Novo* tuvo un impacto sociocultural profundo y duradero. Se propuso remodelar el pasado de Brasil para crear una nueva cultura nacional a la medida de las ambiciones renovadoras y de grandeza del régimen varguista. Aquí también el fascismo —creativo y atento en impulsar y plasmar la cultura nacional italiana— proporcionaba un ejemplo a seguir con su modernismo *sui generis* y su original utopía corporativa pregonada en todo el mundo como una «tercera vía», una civilización del trabajo fundamentada en la nación orgánica, capaz de rebasar tanto al comunismo como al liberalismo. Gentile profundiza la influencia fascista en los intelectuales brasileños de la época como Oliveira Vianna, teórico del Estado corporativo, quien se inspiró directamente en la obra de Sergio Pannunzio. Vianna se convenció que la cuestión social brasileña se resolvería mediante los modelos más avanzados de organización de las relaciones estado-sociedad, como lo eran, por supuesto, el sindicalismo nacional y el nacionalismo social. Por su lado, Lindolfo Collor retoma la Carta del Trabajo y la narrativa de Alfredo Rocco sobre la naturaleza del Estado para fundamentar la nueva organización corporativo-sindical del régimen de Vargas. Estos intelectuales, al mismo tiempo que abrevaban de las inspiraciones italianas, se esforzaban para matizarlas y afirmaban la originalidad de la elaboración brasileña. Los brasileños seguían, pues, las tendencias más novedosas de su tiempo, pero a su manera, y estaban exentos del totalitarismo europeo. Lo que se buscó implementar en Brasil era, entonces, una vía brasileña a la modernización, un *nacionaldesenvolvimentismo* adaptado a las peculiares condiciones históricas y sociales del país.

El corporativismo brasileño se desarrolló de manera gradual, parcial e incompleta, no llegó a estructurarse en organizaciones permanentes de representación de las diferentes clases sociales, pues se enfrentó a dificultades y resistencias, igual que el corporativismo italiano. Este cuasi fracaso del corporativismo se debe, según Gentile, a la falta de la voluntad de reestructurar a fondo el capitalismo para transitar a un verdadero modelo alternativo post-capitalista fundamentado en la socialización, un problema de fondo que enfrentó también el fascismo italiano, con lo cual su orientación socialista se quedó muy limitada. El proyecto corporativo en Italia sufrió también la inclusión burocrática en la estructura estatal, que terminó esterilizando al corporativismo, así como había sucedido con el propio Partido Fascista.

Entre los logros más importantes de este estudio, es matizar la creencia de que el experimento autoritario brasileño fuera puramente democrático, compatibles con las libertades públicas y el pluralismo, contrapuesto a los modelos totalitarios o cuasi totalitarios europeos. Como bien apunta Gentile, los límites entre el autoritarismo y el totalitarismo son más fluidos y borrosos de lo que ha sido acreditado por la historiografía sobre el tema y de lo que han querido admitir los contemporáneos del *Estado Novo*, y aun los que hoy defienden el legado social y político del varguismo. La figura de Vargas y de su régimen autoritario del siglo XX queda enmarcada en la ambigüedad, así como la herencia que dejó a las generaciones sucesivas de brasileños. Fascismo y nacional-desarrollismo brasileño pueden ser vistos, pues, como variaciones sobre el tema de una «tercera vía» fascista y corporativa que, en su época, en palabras de Gentile, «indicó al capitalismo mundial una solución profundamente moderna, alternativa al liberalismo y al colectivismo».

El estudio de Fabio Gentile, en definitiva, logra penetrar a fondo y examinar con lupa todos los aspectos del régimen varguista que se acercan o se inspiran directamente en los modelos autoritarios italianos y europeos. Con este aporte la investigación sobre corporativismo, autoritarismo y fascismo en América Latina puede dar un paso adelante y situarse mejor en el ámbito de los estudios transnacionales sobre estos fenómenos. Este libro, entonces, puede servir como inspiración para extender a otros países, a toda América Latina, la investigación para indagar, profundizar y detallar el modo en que la región latinoamericana se manifestó y aportó a la etapa histórica de la modernización autoritaria en diálogo con las experiencias del otro lado del océano.

Franco Savarino

Coyoacán, Ciudad de México, octubre de 2024

PREFACIO EDICIÓN ITALIANA

Conocí a Fabio Gentile hace varios años. Me lo presentó un querido amigo en común, Andrea Buonajuto. Ambos son mucho más jóvenes que yo. No habían estudiado ni realizado la tesis de historia contemporánea conmigo. Sin embargo, aprecié en ambos su capacidad como estudiosos de la historia. Involucré a Andrea en la elaboración y cuidado —recuerdo con cierta nostalgia el encuentro que tuvimos en Formia con Vittorio Foa, quien luego escribió el prólogo del ensayo— de un libro de memorias sobre el socialismo italiano de Luigi Locoratolo, quien había sido, entre otras cosas, el miembro más joven del Comité Central del PSI, ascendiendo luego al cargo de responsable del sector agrícola del partido.

Fabio ya había escrito ensayos, especialmente sobre la derecha napolitana, así que le pedí que colaborara en la revista *Bollettino Flegreo*, que yo dirigía y que recientemente había reanudado su publicación, aún bajo mi dirección.

En sus escritos, apreciaba especialmente el método de investigación, la búsqueda de un erudito serio y preparado que tenía un conocimiento profundo de los temas que trataba.

Sin embargo, estas cualidades evidentemente no eran plenamente apreciadas por algunos autoproclamados «Solones» del Instituto Universitario Orientale de Nápoles, con los que Fabio había establecido una colaboración. De ahí el ostracismo, que llevó al joven estudioso, a pesar de haber ganado una plaza en los institutos, a emigrar a Brasil. Una historia bastante recurrente de «cerebros» italianos obligados a encontrar en el extranjero un lugar digno para sus cualidades.

En Brasil, naturalmente, Fabio recibió el reconocimiento que merecía y se le asignó la cátedra de Historia del Pensamiento Político Contemporáneo, así como el cargo de Coordinador del Doctorado en Sociología en el Departamento de Ciencias Sociales de la Universidad Federal de Ceará, en Fortaleza.

De vez en cuando, sin embargo, Fabio Gentile volvía a Nápoles y venía a visitarme, lo que siempre era muy bien recibido. De estos encuentros nació la idea de la publicación

de este volumen. Él era sin duda el estudioso más adecuado para realizar la tarea que se le había asignado, a pesar de los «malos maestros» del pasado, inmovilizados en el cono de sombra de una ideología, por otra parte, fallida.

Gentile, de hecho, considerando sus estudios anteriores sobre el fascismo, poseía los títulos para identificar los rasgos que ligaban el régimen mussoliniano a algunos movimientos de América Latina, y particularmente de Brasil.

Ahora, sin embargo, más allá del sucinto currículum y de las cuestiones de carácter personal, entremos en el fondo del libro que aquí se presenta.

El ensayo de Gentile, muy agradable en la lectura (escrito con un enfoque tacitiano) constituye, en mi opinión, un hito en la reconstrucción de la relación entre el fascismo o, mejor dicho, el corporativismo fascista italiano y el instaurado en Brasil en los años treinta por impulso de Getúlio Vargas.

Hasta ahora, en Italia, se habían puesto en evidencia los vínculos del fascismo italiano con la España franquista y el Portugal de Salazar, así como sus repercusiones en los regímenes de Europa del Este. Historiadores y sociólogos, en su mayoría de origen italiano (véase Gino Germani), se preocuparon por establecer relaciones con América Latina, especialmente con los regímenes en el poder al final de la Segunda Guerra Mundial. Dentro de este horizonte, el de la Argentina de Juan Domingo Perón («peronismo») se convirtió en un caso «clásico» para los primeros estudios pioneros sobre la circulación latinoamericana del fascismo, teniendo en cuenta además los profundos lazos históricos y culturales con Italia y la Península Ibérica.

Utilizando amplias fuentes archivísticas, algunas poco estudiadas, otras mejor conocidas, y de la principal producción historiográfica internacional y brasileña sobre el tema, Gentile desarrolla su propio discurso —en mi opinión, bien expuesto— con análisis rigurosos y convincentes, aportando una comprensión integral de la relación entre el corporativismo italiano y el brasileño.

Al tiempo que destaca las enormes diferencias en todos los aspectos —económicos, sociales, culturales y de comportamiento— entre el fascismo italiano y el «fascismo» específico brasileño, el autor se centra en el sustrato común de los dos regímenes, cuyas expectativas ideológicas se alinean sobre una base de sus respectivos proyectos de Estado: la perspectiva de la modernidad.

Ya en Italia, este principio, liberado del juicio de la Tercera Internacional estalinista, había sido afirmado y demostrado por el mayor historiador del fascismo, Renzo De Felice, con argumentos irrefutables, sobre la base de una enorme cantidad de fuentes archivísticas, memorias y obras históricas circunscritas, no ideologizadas. En nuestro País estas obras son, por desgracia, muy limitadas debido a la hegemonía comunista, no sólo cultural, por la que hemos asistido y asistimos a un fenómeno sin precedentes: la historia, habitualmente considerada prerrogativa de los vencedores, ha sido escrita aquí por los vencidos. De Felice también rompió el vínculo ideológico y cultural entre el nazismo y el fascismo, relegándolo al plano de la contingencia histórico-política, afirmando la modernidad, así como la perspectiva orientada a la renovación y el progreso, del fascismo italiano en comparación con el nazismo, que en cambio pretendía revivir el pasado.

En el ámbito más general de los estudios sobre el totalitarismo, Hannah Arendt ya había señalado la gran diferencia entre el autoritarismo de Mussolini y el totalitarismo de los regímenes hitleriano y estalinista. Gentile, sin citar a De Felice, se sitúa en esta estela de estudiosos, situando el régimen de Vargas entre autoritario y no totalitario. De ahí el marcado vínculo entre el italiano y el brasileño, no exento sin embargo de la asimilación de elementos totalitarios.

No es de extrañar en este sentido la adhesión a los regímenes italiano y brasileño de muchos intelectuales progresistas y socialistas, partidarios convencidos de la «Revolución de 1930» y de la posterior constitución del *Estado Novo* de 1937, al igual que en Italia se había producido la adhesión al fascismo de la casi totalidad de los antiguos sindicalistas revolucionarios sorelianos. Los reformistas, finalmente, en el mismo bando, se concilian.

En Italia, también se había producido el caso emblemático de la adhesión de la reformista Confederación General del Trabajo (CGL) al corporativismo fascista, a través de la labor de su autoritario ex secretario general Rinaldo Rigola y de la revista que fundó, titulada «Problemi del Lavoro», publicada en pleno régimen fascista. La adhesión más firme se produjo tras la promulgación de la *Carta del Lavoro* de Alfredo Rocco, un verdadero monumento de la legislación social del régimen, a la cual, después de su caída, el mismo sindicalista reformista Bruno Buozzi pretendía referirse, como lo atestiguan sus afirmaciones transcritas en las conversaciones con los sindicalistas comunistas en perspectiva de la constitución de un problemático acuerdo sindical, hipótesis por lo demás rechazada con desdén por los representantes estalinistas en Italia.

Hay muchas similitudes entre la revista *Problemi del Lavoro* de Rigola, no tanto con la brasileña titulada *Cultura Política* —en la que colaboraron destacadas personalidades de la cultura brasileña y se debatían principios básicos comunes entre la Italia fascista y el Brasil del *Estado Novo*, como el corporativismo y la organización del Estado—, sino sobre todo con la *Revista do Trabalho*. Esta última, publicada a partir de 1933, también reflejaba en el título la revista italiana y al igual que esta no recibía financiamiento ministerial. Por lo tanto, era autónoma, a pesar de ser una emanación directa de los órganos gubernamentales, logrando así sobrevivir hasta 1965, mucho más allá de la contingencia de la *Era Vargas*.

Las diferencias se encuentran en la orientación ideológica, donde la italiana, aunque se adhiriera al corporativismo, pretendía demostrar la continuidad entre el socialismo y el fascismo, mientras que la brasileña tenía una matriz cristiano-corporativa y fascista. El corporativismo brasileño era más similar, en mi opinión, al portugués de Salazar y al posterior franquista español, ambos basados en una estrecha colaboración con las iglesias locales. Sin embargo, a pesar del beneplácito de las jerarquías vaticanas al comienzo de la dictadura, que dio lugar al fácil concordato entre el Estado alemán y la Iglesia en 1934, los rasgos de origen religioso de esos regímenes estaban en conflicto más con el nazismo que con el fascismo y, en el plano político, el asentimiento del partido católico que votó plenos poderes a Hitler, disolviéndose poco después, tendió a introducir una religión laica basada en el mito de la raza y la personalidad carismática del *Führer*.

Tales concepciones afirmaban que el comunismo tenía una derivación cripto cristiana. El punto en común estaba marcado por el hecho de que los creadores de las dos ideologías o religiones eran judíos.

La *Revista do Trabalho* también tenía una visión más amplia, no por casualidad acogía contribuciones de escritores extranjeros, de cuyas teorías era sin embargo deudora, dado el objetivo central de formular nuevos modelos para el desarrollo nacional de Brasil.

La colaboración más significativa se refería al ensayo de Marcel Déat, figura destacada del neorreformismo, ya exponente del sindicalismo y del comunismo francés, que más tarde se convirtió en colaborador y ministro en la colaborador y ministro en el Gobierno de Vichy, bajo el Mariscal Petain, sostenido también por los votos parlamentarios de la Izquierda y los comunistas, factor, huelga decirlo, de un proyecto de tipo corporativo que puede enmarcarse, en ciertos aspectos, en la «alianza» de la Alemania hitleriana con la Rusia estalinista, rota más tarde por la invasión nazi de la Unión Soviética.

En cambio, *Problemi del Lavoro*, al publicarse en la patria del corporativismo moderno, tenía un carácter autóctono. Sin embargo, el corporativismo brasileño y el italiano, también por las resistencias industriales y capitalistas en general, nunca tuvieron una implementación completa. El italiano se transformó de organismo vital a organización burocrática, así como el mismo Partido Nacional Fascista, al cual se le había encomendado la tarea de implementarlo.

Volviendo a la *Carta del Trabajo*, esta tenía por los aspectos sociales una elaboración previa, a la que estaba inspirada: la *Carta del Carnaro*, promulgada en la ciudad de Fiume por Gabriele d'Annunzio. Redactada en los principios esenciales por el socialista Alceste De Ambris, la *Carta de D'Annunzio* de 1920 nunca entró en vigor y ciertamente se trató de un episodio circunscrito, aunque significativo, que no podía encontrar espacio en un estudio como el de Fabio Gentile, que se centra en las relaciones ideológicas y políticas de continentes enteros.

No sorprenda, además, en el ámbito del discurso aquí planteado, la aproximación del régimen de Vargas a los Estados Unidos. El dictador brasileño, tras haber rechazado las sirenas del nazismo hitleriano, con una buena dosis de pragmatismo debido principalmente a motivaciones de carácter económico, se alineó junto a los Aliados en la Segunda Guerra Mundial. El régimen norteamericano del *New Deal* keynesiano-rooseveltiano era de tipo marcadamente reformista, elemento que tuvo un peso no despreciable en la elección de Vargas.

Una ocasión perdida de Vargas se refiere, a mi juicio, al rechazo de la colaboración con los *Tenentes*, sobre todo con el ala izquierda. Aunque impulsado por intenciones utópicas, el movimiento progresista de los jóvenes oficiales podría haber ofrecido al gobierno provisional surgido de la «Revolución de 1930» un impulso vital adicional. Vargas, en cambio, se valió de la colaboración de la corriente conservadora del movimiento y marginó la de izquierda, representada por el capitán Luis Carlos Prestes, de origen burgués, que luego se convirtió en secretario general del Partido Comunista Brasileño, al que se unió solo cuatro años después del nacimiento del movimiento «revolucionario» liderado por Vargas en 1930. Prestes estaría entonces abierto al diálogo. Una elocuente muestra de ello es la declaración que hizo muchos años después en una conferencia internacional de partidos comunistas en Moscú a finales de los años sesenta: «El nuestro es un partido auténticamente nacional. Nuestro patriotismo es consecuente», aunque diluido en un vago internacionalismo (Agencia de Noticias Novosti). Vargas le impuso, en cambio, diez años de segregación en la cárcel. Esta es una de sus muchas ambivalencias entre la renovación y la conservación, entre el progresismo y la reacción, típica, entre otras cosas, de muchos regímenes sudamericanos, y del que el propio fascismo italiano no estuvo exento.

Las ambigüedades se demostraron una constante de la *Era Vargas*, desde su fundación y hasta la segunda posguerra. Basta recordar que Vargas, tras reprimir el movimiento sindical en los años treinta, regresó al poder en 1951, con un programa político destinado a satisfacer diversas necesidades de los trabajadores mediante la promulgación de numerosas leyes de carácter social. Obstaculizado posteriormente en su proyecto de modernización de Brasil por un golpe de estado militar en agosto de 1954, apoyado por los EE. UU., que llevó al poder al conservador José Café Filho, exministro suyo, Vargas se vio obligado al suicidio. Fabio Gentile reconstruye todo el camino a menudo accidentado del *Estado Novo* con competencia y con objetividad de historiador profesional auténtico. A mi juicio, deben mencionarse los pasajes más significativos contenidos en este valioso libro sobre la *Era Vargas*.

En primer lugar, con una visión universal, el corporativismo como *tercera vía* entre el liberalismo y el comunismo y como contención de la expansión de este último contaba en la época con diversos y cualificados defensores, incluso entre los estadistas de los regímenes liberales. A este respecto, se puede ver el juicio positivo de Winston Churchill, ministro de Hacienda del Gobierno inglés, en visita a Italia, así como el interés por el régimen corporativo derivado del intercambio de cartas entre Roosevelt y Mussolini. No sin razón, este último consideraba el *New Deal* una copia del corporativismo y de la intervención estatal en la economía del fascismo. En la misma dirección, no es casualidad que el *Fascio* italiano de Sâo Paulo estuviera dedicado a Filippo Corridoni, quien junto a otros pensadores de derivación sindicalista revolucionaria era defensor de un sindicalismo nacional, del cual fue artífice antes y durante el régimen el jefe de los sindicatos fascistas Edmondo Rossoni, ya socialista y deudor junto a Alfredo Rocco, proveniente del movimiento nacionalista, de la *Carta del Carnaro* de D'Annunzio en lo que respecta al concepto de «Productores de la Nación». De este supuesto se derivaba la compatibilidad, destacada en el texto de Gentile, entre el fascismo y el autoritarismo de Vargas, al que se añadía, como ya se mencionó anteriormente, el catolicismo, en Italia desvinculado del partido católico del odiado don Sturzo. Involucrado el Partido Popular en una primera fase en el gobierno de Mussolini (el futuro presidente democristiano Gronchi se convirtió en subsecretario de Estado), Sturzo, ahora elemento de contraste en las relaciones con el gobierno fascista, fue enviado al extranjero.

Una cierta competencia entre los altos mandos vaticanos y el gobierno fascista surgió en relación con la educación de los jóvenes, considerada por ambos irrenunciable. Sin embargo, toda diatriba fue superada por el Concordato entre el Estado y la Iglesia de 1929. Ya anteriormente, la reforma de la escuela había tenido una digna actuación gracias a la obra del filósofo Giovanni Gentile, más elitista en comparación con la posterior de Bottai, de raíz populista, pero de menor valor.

Volviendo más específicamente a los acontecimientos brasileños, el esquema complejo de las reformas varguistas influyó decisivamente en la Carta Constitucional promulgada en 1937 y, superando contingencias temporales, constituyó la base de las medidas legislativas de los gobiernos posteriores de inspiración laborista. Son testimonio de ello las reformas llevadas a cabo por los presidentes brasileños Juscelino Kubitschek, Jânio Quadros, João Goulart, sin excluir incluso las recientes de Lula da Silva.

Fabio Gentile demuestra este supuesto siguiendo e ilustrando, con una competencia poco común, todas las etapas de las vicisitudes del «gigante» sudamericano desde el siglo XIX hasta el golpe de Estado de 1954, que condujo al suicidio de Vargas; vicisitudes que resultan fascinantes y cautivadoras, ilustradas con un lenguaje fluido y encantador.

Fabio, a quien me une una profunda estima y amistad, que la distancia no empaña, ha documentado en este ensayo que el fascismo, una expresión política ligada a la historia y al carácter de los italianos, había conseguido al mismo tiempo proyectar su larga ola no sólo en Europa, sino también en otros continentes (Oriente Medio, India) y, a pesar de las enormes diferencias, en el lejano Brasil.

Antonio Alosco

INTRODUCCIÓN

Este ensayo es el resultado de 15 años de investigaciones y reflexiones sobre la circulación del fascismo y del corporativismo en el Brasil de la *Era Vargas*, llamada así por Getúlio Dornelles Vargas, líder de la «Revolución del 1930», dictador del *Estado Novo* y presidente elegido democráticamente en el periodo inmediatamente posterior a la Segunda Guerra Mundial. El que, sin duda, proyectó al «gigante» sudamericano hacia la modernidad del siglo XX con su proyecto de desarrollo nacional *(o nacional-desenvolvimentismo)*, articulado en torno a la industrialización bajo la égida del estado intervencionista y al nacionalismo.

Para intentar enfocar este tema, el análisis se basa en la convergencia de las principales adquisiciones teórico-metodológicas del debate sobre el fascismo, cada vez más orientado por el carácter interdisciplinario asumido en las últimas décadas por las ciencias sociales.

El fascismo como fenómeno «rezagado» *(latecomer)*[1]. Mientras el liberalismo y el socialismo ya se habían manifestado ampliamente durante el siglo XIX, el fascismo es un producto específico del siglo XX, que debe ser estudiado en «acción» entre las dos guerras mundiales[2].

En razón de una cultura y una ideología profundamente modernas[3], después de la Gran Guerra, de la que es hijo, el fascismo «seduce»[4] a varios países en busca de un nuevo modelo de Estado-nación[5], indicando al estado corporativo como «tercera vía»[6] para responder a los retos de la moderni-

---

1. LINZ, J. «Some Notes Toward a Comparative Study of Fascism in Sociological Historical Perspective», en *Fascism. A Reader's Guide*, coordinador W. Laqueur, University of California Press, Berkeley-Los Angeles, 1976, págs. 3-121.

2. MANN, M. *Fascists*, Cambridge University Press, Cambridge, 2004.

3. PAXTON, R. *The Anatomy of Fascism*, Allen Lane, Londres, 2004.

4. TARQUINI, A. *Storia della cultura fascista*, Il Mulino, Bolonia, 2011; GENTILE, E. *Le origini dell'ideologia fascista*, Il Mulino, Bolonia, 2011 (1.ª ed. 1975); VENTRONE, A. *La seduzione totalitaria. Guerra, modernità e violenza politica (1914-1918)*, Donzelli, Roma, 2004.

5. GENTILE, E. *Il mito dello Stato nuovo*, Laterza, Roma-Bari, 1999.

6. Sobre el corporativismo italiano, SANTOMASSIMO, G. *La terza via fascista: il mito del corporativismo*, Carocci, Roma, 2006; STOLZI, I. *L'ordine corporativo*, Giuffrè, Milán, 2007; GAGLIARDI, A. *Il corporativismo fascista*, Laterza, Roma-Bari, 2010; CASSESE, S. *Lo stato*

dad y la sociedad de masas, en particular la «cuestión social»[7] y el conflicto capital-trabajo producido por el despegue industrial, frente a la crisis del Estado liberal decimonónico, y como alternativa al avance del Estado comunista soviético, así como al *New Deal* de matriz keynesiana, que también lo contemplaba con interés. Baste decir que no sólo el Portugal salazarista y la España franquista, sino también algunos países de Europa del Este, la Austria de Dollfuss, e incluso la Alemania nazi, en algunos aspectos, utilizaron los principios fundamentales de la Carta del Trabajo (1927), en la construcción de sus proyectos de régimen totalitario o autoritario.

Se trata, pues, de captar la amplia circulación «transnacional» del fascismo y del corporativismo, como lo demuestra una nueva generación de estudios[8], nacida de la necesidad de superar la escuela comparada clásica, dominada por la teoría del «fascismo como fenómeno europeo»[9], en la direc-

---

fascista, Il Mulino, Bolonia, 2010. Para otras valiosas reflexiones, ALOSCO, A. *I socialfascisti. Continuità tra socialismo e fascismo*, D'Amico, Nocera Inferiore, 2021.

7.   PAVAN, I. «Lo Stato sociale del fascismo. Continuità, fratture, mediazioni», en *Il fascismo italiano. Storia e interpretazioni*, coordinadora G. Albanese, Carocci, Roma, 2021, págs. 211-236.

8.   *El fascismo en Brasil y América Latina. Ecos europeos y desarrollos autóctonos*, coordinadores J. F. BERTONHA, F. SAVARINO, Instituto Nacional de Antropología e Historia, México (DF), 2013; Savarino, F. *Latinidades Distantes. Miradas sobre el fascismo italiano en América Latina*, INAH, México (DF), 2015; ZEGA, F. *Il mondo sotto la svastica. Migrazioni e política in Argentina e Brasile (1930-1960)*, Aracne, Roma, 2018; GIANNATTASIO, V. *Il fascismo alla ricerca del 'nuovo mondo'. América Latina nella pubblicistica italiana 1922-1943*, Ombre Corte, Verona, 2018; *Intelectuales en el espacio latino durante la era del fascismo. Crossing Borders*, coordinadoras V. GALIMI, A. GORI, Routledge, Londres, 2020; NOCERA, R., TRENTO, A. *Creer, obedecer, combatir hasta el fin del mundo. El fascismo italiano en Chile (1922-1950)*, Fundo de Cultura Económica, Santiago de Chile, 2022. Sobre el corporativismo como fenómeno «transnacional», *Progetti Corporativi tra le due guerre mondiali*, coordinador M. PASETTI, Carocci, Roma, 2006; PASETTI, M. *L'Europa Corporativa. Una storia transnazionale tra le due guerre mondiali*, Bonomia University Press, Bolonia, 2016; SERAPIGLIA, D. *La via portoghese al corporativismo*, Carocci, Roma, 2011; GUARNIERI, L. «Il modello corporativo nell'America Latina degli anni Trenta», en *La cultura economica tra le due guerre*, coordinadores P. BARUCCI, S. MISIANI, M. MOSCA, F. Angeli, Milán, 2015, págs. 87-103; *O corporativismo em português: estado, política e sociedade no Salazarismo e no Varguismo*, coordinadores A. Costa Pinto, F. C. Palomanes Martinho, Imprensa de Ciências Sociais Lisboa, 2008; COSTA PINTO, A. «O corporativismo nas ditaduras da época do Fascismo», em *Varia História*, núm. 52, 2014/30, págs. 17-49; *A vaga corporativa: corporativismo e ditaduras na Europa e na América Latina*, coordinadores A. COSTA PINTO, F.C. Palomanes Martinho, Imprensa de Ciências Sociais, Lisboa, 2016; *Authoritarianism and Corporatism in Europe and Latin America: Crossing Borders*, coordinadores A. COSTA PINTO, F. FINCHELSTEIN, Routledge, Nueva York, 2019; *A era do corporativismo: regimes, representações e debates no Brasil e em Portugal*, coordinadores L. A. ABREU, P. BORGES SANTOS, EdiPUCRS, Porto Alegre, 2017; *Corporativismo: Ideias e Práticas*, coordinadores M.A. VANNUCCHI, L. A. ABREU, P. BORGES SANTOS, Editora da Universidade de Coimbra, Coimbra, 2023.

9.   Para todos, S. PAYNE, *A History of Fascism 1914-1945*, University of Wisconsin Press, Madison, 1995.

ción de una Historia Global del Fascismo, corroborada por la construcción de redes transdisciplinares de investigación[10].

Esta es una buena forma de abrirse a los nuevos horizontes de un mundo cada vez más global, también porque un experimento en un área aparentemente «periférica» puede repetirse en otra aparentemente «centra», sin respetar necesariamente el principio de más o menos avanzado.

El fascismo como fenómeno «transnacional» es un campo de estudio amplio y abierto, que a su vez se articula en vertientes aún por explorar. Este es el caso de los importantes estudios recientes sobre el «fascismo transatlántico» y sobre el «fascismo ibero-americano»[11], cuyo objeto de investigación es el espacio latinoamericano, con su rico abanico de experiencias históricas.

En vista de la profunda relación histórico-geográfica, económica, político-social y simbólico-cultural con Europa, a América pensada como un observatorio privilegiado para entender a través de qué complejos caminos la «ola fascista y corporativista»[12] se estrella de un lado al otro del Océano Atlántico. Además, enriquece con otros elementos analíticos a un tema clásico de la teoría estructuralista, en su variante nacionalista, del «desarrollo tardío»: las razones que llevaron a los gobiernos, movimientos y partidos políticos, intelectuales y revistas de distintos países latinoamericanos a favorecer el Estado autoritario, dispuestos a asimilar los modelos de Estado más modernos de la época, incluido el «Nuevo Estado»[13] del fascismo como pilar del desarrollo nacional en todos sus aspectos, con el propósito de superar el atraso de la «periferia», hasta el punto de romper la «dependencia» de los países más desarrollados del «centro»[14].

---

10.   Entre las principales redes de investigación sobre el fascismo como fenómeno «inter-transnacional», se encuentra la COMFAS (*The International Association for Comparative Fascist Studies),* creada por algunos de los mayores estudiosos del fascismo, Roger Griffin, Antônio Costa Pinto, Constantin Iordachi, Aristóteles Kallis. La Red para el Estudio del Fascismo, el Autoritarismo, el Totalitarismo y Transiciones a la Democracia (REFAT), integrada por investigadores de distintos países (Brasil, Italia, Portugal, España); la Red sobre Derecho, Historia y Memoria, que también reúne a investigadores de diferentes nacionalidades. Véase también la producción de NETCOR (*Rede Internacional de Estudos sobre Corporativismo e Interesses Organizados*), que reúne a investigadores y centros universitarios especializados en el estudio del corporativismo.

11.   FINCHELSTEIN, F. *Transatlantic Fascism: Ideology, Violence and The Sacred in Argentina and Italy 1919-1945,* Duke University Press, Durham & London, 2010; *Fascismos iberoamericanos,* coordinadores G. de Lima Grecco, L. Pereira GONÇALVES, Alianza Editorial, Madrid, 2022.

12.   COSTA PINTO, A. *Latin American Dictatorships in the Era of Fascism: The Corporatist Wave,* Routledge, Londres, 2019.

13.   Nuevo Estado: expresión en uso en Italia que incluye tanto al régimen nacionalsocialista alemán de Hitler como al régimen fascista italiano de Mussolini en el contexto de la Segunda Guerra Mundial [NdT].

14.   Con toda cautela, puede decirse que el nacionalismo autoritario latinoamericano, específicamente brasileño específicamente el nacionalismo autoritario brasileño entre las dos

En la estela de la profunda renovación de los *Fascism Studies*, este ensayo pretende examinar la apropiación del fascismo y su proyecto di estado corporativo en la construcción de la vía autoritaria brasileña al *Nacional-desenvolvimentismo* durante la *Era Vargas*, entre la «Revolución del 1930» y el suicidio de Vargas en 1954.

La elección de esta periodización es necesaria para demostrar que la asimilación del modelo italiano en el Estado autoritario y corporativo brasileño no puede atribuirse *tout court* sólo al período del *Estado Novo* (1937-1945), que, de acuerdo con una amplia literatura, está marcado por el acercamiento al *nazifascismo*. Por el contrario, como veremos, Brasil entre finales del siglo XIX y la primera mitad del siglo XX es un verdadero «laboratorio» de la recepción latinoamericana de las nuevas configuraciones ideológicas y políticas surgidas de la crisis del liberalismo a nivel mundial.

Además, en virtud de su carácter polisémico, la categoría de «laboratorio», asociada a las de «transnacional» y «transatlántico», nos permite superar definitivamente la vieja tesis de la lógica dual que establece la división «centro-periferia», ayudándonos así a captar con mayor precisión las similitudes y diferencias entre los fenómenos ideológico-políticos que surgen en un área determinada y fenómenos similares que se desarrollan en otros espacios geopolíticos e histórico-culturales.

En nuestro caso, la apropiación del fascismo y del corporativismo en el pensamiento autoritario brasileño debe ser rescatada en el marco de una historia más global, transnacional, de las ideas, dado que intelectuales del calibre de Francisco José de Oliveira Vianna, Francisco Campos y Azevedo Amaral utilizaron su experiencia como arquitectos del *Estado Novo* para elaborar una teoría del autoritarismo y sus vínculos con el fascismo y el totalitarismo, que circuló en las ciencias sociales anglosajonas, mucho antes de la formulación de las teorías de Hannah Arendt y Juan Linz, gracias a los estudios «en caliente» sobre la constitución autoritaria del *Estado Novo* del jurista judío alemán Karl Lowenstein[15].

Las raíces teóricas del autoritarismo varguista se encuentran ya en el debate ideológico-político sobre el Estado autoritario durante la llamada «Primera República» (1891-1930), que alimenta el proyecto institucional-político de la *Era Vargas*. Y a pesar del fin del fascismo en la tragedia de la Segunda Guerra Mundial, el Estado autoritario y corporativista de Vargas marca la transición a la democracia en la segunda posguerra hasta tal punto

---

guerras mundiales reproduce el efecto de demostración que E. Gentile atribuye al nacionalismo italiano de principios del siglo XX, es decir, «la sugerencia que la imagen de los países avanzados ejerce sobre los países menos desarrollados estimulándolos a actuar para alcanzar el nivel de los primeros» (*Il mito dello Stato nuovo*, cit., p. 9). Para una discusión del concepto en el debate socioeconómico latinoamericano, CARDOSO, F.H., FALETTO, E. *Dependência e desenvolvimento na América Latina*, Zahar Editora, Rio de Janeiro, 1970.

15. LOEWENSTEIN, K. *Brazil under Vargas*, The Macmillan Company, New York, 1942.

que es todavía hoy —y es un aspecto interesante para entender cómo el fascismo y el corporativismo han sido pensados en otros países, especialmente fuera de Europa— la columna vertebral del Estado brasileño en el campo de los derechos sociales, y en la organización del sindicato, como lo demuestra la *Consolidação das Leis do Trabalho* (CLT), un impresionante código de cientos de artículos creado en 1943 y aún vigente, que recoge toda la legislación sobre derechos laborales, desarrollada durante la *Era Vargas*.

En el transcurso del análisis, desarrollamos la hipótesis de que la vía brasileña hacia el corporativismo autoritario fue un proceso gradual de apropiación y reelaboración original del repertorio, así como del lenguaje, fascista y corporativo, en un contexto histórico diferente al italiano de los años veinte y treinta.

En el surco trazado por la «Revolución de 1930», Vargas y los arquitectos del *Estado Novo* presentaron la industrialización como el camino necesario e inevitable para reconstruir la economía nacional después de la crisis de 1929, que había puesto de manifiesto la dependencia del café, el principal producto del modelo agroexportador brasileño, del mercado mundial. Ante la decadencia del viejo régimen liberal, el Estado autoritario corporativo sería, por tanto, el instrumento privilegiado para gobernar la entrada de Brasil en la modernidad del siglo XX.

El ensayo se divide en cuatro capítulos.

En el primero, después de haber reconstruido en líneas esenciales el marco general de la «Primera República», enfocamos nuestro interés en «la ideología del Estado autoritario brasileño»[16], cuya conceptualización entre finales del siglo XIX y principios del XX, lejos de ser una copia del fascismo, se configura como una síntesis original entre el conservadurismo brasileño del siglo XIX y un complejo de ideas antiliberales y nacionalistas ampliamente circulantes desde hace tiempo entre Europa y América Latina: el sindicalismo nacional, el corporativismo, por no hablar del positivismo, que más tarde inspiraría al fascismo en la construcción de su modelo de Estado.

El Estado autoritario como centro organizador de la nación brasileña en todos sus aspectos es el hilo conductor de la ideología de la derecha nacional brasileña después de la Primera Guerra Mundial. Se concibe, de acuerdo con los resultados más interesantes de la historiografía al respecto[17], como

---

16   LAMOUNIER, B. «Formação de um pensamento político autoritário na Primeira República: uma interpretação», en *História geral da civilização brasileira*, v.2, t. III, coordinador B. Fausto, São Paulo, Difel, 1977, págs. 345-374.

17.   MICELI, S. *Intelectuais e classe dirigente no Brasil (1920-1945)*, Difel, São Paulo, 1979; PÉCAUT, D. *Os intelectuais e a política no Brasil. Entre o povo e a nação*, São Paulo, Ática, 1990; BEIRED, J.B *Sob o signo da nova ordem. Intelectuais autoritários no Brasil e na Argentina (1914-1945)*, Loyola, São Paulo, 1999, pág. 22. Aunque con perspectivas diferentes, los estudiosos utilizan la noción de «campo» teorizada por Pierre Bourdieu para pensar la red de configuraciones ideológicas y políticas de la derecha brasileña entre las dos guerras mundiales.

un «campo» intelectual y político en el que interaccionan el «nacional-autoritarismo», la derecha católica y el movimiento integrista, sobre el que, sin embargo, nos detendremos brevemente, dado que es el movimiento de masas latinoamericano más cercano al *nazifascismo* y, como tal, necesitado de un estudio específico[18].

En los capítulos segundo y tercero analizamos el triunfo del corporativismo fascista en la *Era Vargas*. Utilizando la principal literatura brasileña e internacional sobre el tema[19], la producción jurídica sobre derechos sociales y laborales, y especialmente los anales de la Constituyente de 1933-1934 y la «Revista do Trabalho», fuentes valiosas y aún poco estudiadas. El objetivo es dar respuesta a algunos de los problemas que surgieron durante la investigación.

¿Cómo y a través de qué canales las ideas y expresiones del fascismo/ vocabulario fascista como «cuestión social», «nacionalismo social», «Estado nacional del trabajo», «categoría», «convenio colectivo de trabajo», «derecho laboral», «corporaciones», «organización sindical», «sindicato único», «productores de la nación», «asesoramiento técnico» circularon en Brasil entre las dos guerras mundiales?

¿Cómo y en qué medida los juristas y los ideólogos del Estado autoritario y corporativo de Vargas se apropiaron del modelo elaborado por Alfredo Rocco, modificándolo en armonía con la realidad nacional brasileña?

Se trata de cuestiones complejas porque involucran dos problemas fundamentales. El primero se refiere a las diferentes estructuras económicas, jurídicas y político-sociales en las que se insertó el estado corporativo. Si en el caso de Italia Rocco pensaba en una organización rígidamente subordinada al partido-estado totalitario, en el caso brasileño, en cambio, el corporativismo se enmarcaba en un régimen autoritario que no contaba con un partido único de masas, sino que era alimentado por los ministerios bajo el liderazgo carismático del presidente Vargas.

El segundo problema, corolario lógico del primero, se refiere específicamente a los diferentes niveles económicos y sociales de los dos países. Por lo tanto, es necesario comprender cómo fue posible adaptar el modelo corporativo italiano —concebido para un país que desde la segunda mitad del siglo

---

18.   La bibliografía es extensa. Véanse al menos los excelentes estudios de TRINDADE, H. *Integralismo: o fascismo brasileiro na década de Trinta*, Difusão Europeia do Livro, São Paulo, 1974; PARENTE, J. *Anauê. Os camisas verdes no poder*, Editora da UFC, Fortaleza, 1999; BERTONHA, J. F. *Plínio Salgado. Biografia política (1895-1975)*, Edusp, São Paulo, 2018; PEREIRA GONÇALVES, L. *Plínio Salgado. Um Católico Integralista Entre Portugal e o Brasil (1895-1975)*, Imprensa de Ciências Sociais, Lisboa, 2017; PEREIRA GONÇALVES, L., CALDEIRA NETO, O. *O fascismo em camisas verdes: do integralismo ao neointegralismo*, FGV Editora, Rio de Janeiro, 2020.

19.   Fue muy útil consultar también algunos materiales de lo archivo del Centro de Investigación y Documentación de la Fundación Getúlio Vargas CPDOC, disponible en línea https:// cpdoc.fgv.br/

XIX había emprendido el camino de la industrialización reproduciendo el conflicto capital-trabajo típico de una sociedad industrial avanzada— a Brasil, un país aún rural, agroexportador, dependiente del mercado internacional, con una clase trabajadora aún inexperta en el campo de las luchas sociales. Nuestra interpretación se basa en la intersección entre la teoría estructuralista y la teoría de la circulación «transnacional» y «transatlántica» de la cultura e ideología fascista, exhibida por el régimen y percibida por diversos países, sin excluir los países liberaldemocráticos, como la más moderna de la época.

Vargas y sus colaboradores pensaron el fascismo como «prevención». Aunque las masas trabajadoras de la «periferia» del capitalismo no habían alcanzado aún un nivel de organización y conciencia de clase comparable al de los países más industrializados, también en el espacio latinoamericano el paso a la era industrial, dominada por la organización y la tecnología, fue sostenido por una política de represión preventiva, funcional a la centralización capitalista, acompañada por la incorporación en el estado de la clase trabajadora, aún embrionaria, con el fin de evitar la reproducción del conflicto de clase de la sociedad europea después de la Gran Guerra.

Sin embargo, sería reduccionista explicar la apropiación brasileña del aparato de control fascista o del encuadramiento corporativo de los sindicatos solo desde la perspectiva de la industrialización sin conflicto de clase. La cultura y la ideología fascista, vehiculadas a través del *Fascio Italiano* de São Paulo apoyado por su aparato propagandístico, y a través de los textos de derecho corporativo que abarrotaban las estanterías de las principales librerías y bibliotecas universitarias, fueron admirados y adaptados por Vargas y los principales teóricos del Estado autoritario al proyecto de crear una conciencia nacional brasileña, centrada en la construcción de la categoría de *trabalhador* (trabajador) y como tal beneficiario de la legislación social y *trabalhista* otorgada por el Estado. Se trata del *Trabalhismo*[20], que retoma en el contexto brasileño los conceptos fascistas de «Estado Nacional del Trabajo» y «productores de la nación».

En apoyo de esta interpretación, nos hemos centrado en el pensamiento y la vasta obra de Oliveira Vianna, ya que nadie más que él ha expresado la complejidad del proceso de apropiación brasileña de la cultura y de la ideología fascista y corporativa.

Ante las acusaciones provenientes de sectores de la oposición liberal al *Estado Novo* de haber introducido el fascismo en Brasil, el hilo conductor de su teoría es el desenganche del corporativismo del totalitarismo. Una de las principales piezas de apoyo es el concepto de corporativismo «integral» y «puro» del economista y político rumano Mihail Manoïlescu[21], donde por

---

20. CASTRO GOMES, Â. M. *A invenção do Trabalhismo*, Vértice, São Paulo, 1988.

21. Seguidor del fascismo italiano, invitado al Congreso de Estudios Sindicales y Corporativos (Ferrara, 1932), Manoïlescu fue uno de los autores extranjeros más apreciados

«integral» se entiende un modelo de corporativismo no limitado al liderazgo económico —como en el caso del rígido dirigismo de Rocco—, sino que involucra todas las fuerzas sociales y culturales de la nación, mientras que con la palabra «puro» se hace referencia a la centralidad de las corporaciones como fuentes del poder estatal. Es una lectura «flexible» del estado corporativo, pensado por Manoïlescu tanto para resolver la crisis económica en las áreas avanzadas (Italia fascista), así como para favorecer el desarrollo nacional, en todos sus aspectos, de los países «periféricos», bajo el control del estado autoritario (Europa del Este y América Latina).

En esta perspectiva, el corporativismo fascista —en sus múltiples dimensiones de catalogación jurídica de lo «social», dirección económica, organización nacional, coordinación armónica del conflicto capital-trabajo— satisface plenamente a Oliveira Vianna, enfrentándose a su diseño autoritario y estatocéntrico de modernización de la sociedad brasileña entre las dos guerras mundiales.

En el cuarto capítulo, nos ocupamos de las permanencias del Estado varguista y de la legislación social laboral en los años cincuenta. En el centro del análisis está el acercamiento gradual de Vargas a la clase trabajadora, que prepara el terreno para la transición a la democracia.

El «mito» de Vargas «padre de los pobres y de los trabajadores» es hábilmente teorizado por los ideólogos del *Estado Novo* y difundido a través de los medios del Departamento de Censura y de Propaganda Política y del Ministerio del Trabajo. El objetivo es presentar al mundo el autoritarismo brasileño como «tercera vía» entre los dos totalitarismos (fascismo y comunismo), en sintonía con la entrada de Brasil al lado de los EE. UU. en la Segunda Guerra Mundial. Se sientan las bases de la transformación de la dictadura en un nacional populismo desarrollista, caracterizado por la vuelta de Vargas a la política.

---

en el debate brasileño de los años treinta. Pensemos en sus obras sobre el proteccionismo y el partido único: *Théorie du protectionnisme et de l'échange international*, M. Giard, París, 1929, ed. brasileña, *Teoria do protecionismo e da permuta internacional*, tradução do Centro das indústrias do Estado de São Paulo, Escolas profissionais do Liceu Coração de Jesus, São Paulo, 1931; *El partido único, institución política de los nuevos regímenes*, Biblioteca de Estudios Sociales, Zaragoza, 1938. Su obra más conocida, *Le siècle du corporatisme (El siglo del corporativismo)*, Alcan, París, 1934, fue traducida en Brasil por A. Amaral, uno de los principales ideólogos del *Estado Novo* (*O século do corporativismo. A doutrina do corporativismo integral e puro*, J. Olympio, Río de Janeiro, 1938). Sobre su difusión brasileña, véase Vieira, E. *Autoritarismo e Corporativismo no Brasil*, Cortez, São Paulo, 1981, págs 57 y ss.; Castro Gomes, Â. «Azevedo Amaral e o século do corporativismo de Michael Manoilesco, no Brasil de Vargas», em *Sociologia&Antropologia*, núm. 4, 2012/02, págs. 185-209; sobre su pensamiento, Schmitter, P. «Still the Century of Corporatism?», en *The Review of Politics*, núm. 1, 1974/36, págs. 85-131; y especialmente Iordachi, C. «Mihail Manoilescu and the Debate on Practice of Corporatism in Romania», en *Authoritarianism and Corporatism*, cit., págs 65-94.

En este punto, la legislación social, la justicia laboral, el sindicato único y la contribución sindical obligatoria, purgados de su matriz fascista y simbióticamente identificados con Vargas (o *getulismo*), fueron trasplantados a la frágil democracia brasileña de la segunda posguerra.

Ese conjunto de leyes e instituciones corporativas que en el caso de Italia y Europa habían estado involucradas en el fin del fascismo, sobreviven aún hoy en Brasil democrático para proteger los derechos sociales de los trabajadores, hasta el punto de que incluso el *Partido dos Trabalhadores* del presidente Lula las ha defendido en varias circunstancias contra el proyecto neoliberal de los gobiernos Temer y Bolsonaro de desmantelamiento del Estado social. Es una de las formas, no exentas de paradojas, en las que el fascismo y su estado corporativo han sido recibidos y adaptados a un contexto diferente al italiano por quienes —en nuestro caso de estudio la *Era Vargas*—, en acuerdo con sus valores ideológico-políticos, han entendido responder con los instrumentos más modernos de la época a la «cuestión social» producida por las aceleraciones de la modernidad/modernización.

I

BRASIL ENTRE FINALES DEL SIGLO XIX Y LA PRIMERA REPÚBLICA (1891-1930). UNA VISIÓN GENERAL

1. El Liberalismo oligárquico-conservador

Brasil alcanzó la independencia de Portugal en 1822. Se trató —es un dato consolidado en el debate historiográfico sobre el tema— de un proceso caracterizado por profundos elementos de continuidad con el pasado colonial y la dinastía de los Braganza, ya que Dom João VI decidió mantener, incluso cooptando a las élites terratenientes brasileñas, a su hijo Dom Pedro I en calidad de regente y posteriormente de Primer Emperador[22].

De acuerdo con las principales teorías, la Independencia de Brasil fue una «Revolución, no revolucionaria»[23], dado que el nuevo «fermento revolucionario», de tonos «nativistas»[24], nacionalistas y patrióticos, circulante entre las clases mercantiles urbanas, sobre todo a partir de 1860, no afectó, salvo superficialmente, el poder de la élite, depositaria de la tradición «patrimonialista»[25], heredada de la dominación portuguesa[26].

---

22.   La conservación del título de Emperador fue uno de los principales puntos del Tratado de Río de Janeiro de 1825. Junto a los clásicos VARNHAGEN, F. *História Geral do Brasil*, Laemmert, Rio de Janeiro, 1877; CALMON, P. *História do Brasil*, Editora Nacional, São Paulo, 1939-1940, véase *História Geral da Civilização Brasileira*, XI vols., coordinadores S. Buarque de Holanda, B. Fausto, Difel, São Paulo, 1960-2010; VIOTTI DA COSTA, E. *Da Monarquia à República: momentos decisivos*, Unesp, São Paulo, 1968.

23.   WERNECK VIANNA, L. «Caminhos e Descaminhos da Revolução Passiva à Brasileira», en *Dados*, núm. 3, 1996/39, págs. 377-392.

24.   El nativismo, cuyo origen se remonta a las primeras revueltas de los colonos brasileños contra la monarquía portuguesa, hacia finales del siglo XIX asumió diversas tendencias en su seno, desde el rechazo a las comunidades de inmigrantes europeos acusados de mantener su propia lengua, hasta las más radicales y racistas, favorables sólo a los inmigrantes «blancos» (o *branqueamento racial* en Brasil).

25.   En la estela de Weber, el científico social Raimundo Faoro teoriza que el patrimonialismo fundado en la indistinción entre lo público y lo privado, es el carácter estructural del Estado brasileño. Véase *Os Donos do Poder*, Globo, São Paulo, 1958.

26.   MURILO DE CARVALHO, J. *A Construção da Ordem*, Campus, Río de Janeiro, 1980.

Las instancias de renovación expresadas en los ideales liberales y republicanos quedaron, por tanto, al nivel de la «conciencia posible», para usar una expresión eficaz del científico social Raimundo Faoro, en ausencia de una burguesía liberal capaz de traducirlas en un proceso de construcción nacional[27].

Durante el Imperio, bajo la guía de la Casa Real, el Estado brasileño poscolonial se moldeaba, por tanto, en el signo del «liberalismo oligárquico». Se trata de una expresión contradictoria, que nos devuelve eficazmente la ambigua coexistencia entre una minoría dominante, formada en los valores de un constitucionalismo de rasgos liberales y moderado-conservadores, y una mayoría excluida del proceso de participación política y de formación de la ciudadanía brasileña[28].

Se puede a buen derecho hablar de un régimen clánico y oligárquico, fuertemente jerarquizado, basado en la lealtad material y simbólica a una élite homogénea también en el plano racial, además de defensora del centralismo estatal, como se puede deducir de algunos factores, entre ellos la organización del sistema político imperial, sancionado por la constitución de 1824-1834, el «poder moderador»[29] y la creación de dos grandes partidos (el liberal y el conservador), los cuales, más allá de algunas diferencias ideológicas, representaban los intereses de grupos sociales similares[30].

Dejados, por tanto, de lado los rasgos «heroicos» de sus orígenes independentistas, el liberalismo brasileño se afirmó como la ideología de la «conservación de un complejo de libertades» —desde la libre iniciativa económica, garantizada en el plano político por el derecho al voto para censitario, hasta la libertad de tener trabajadores esclavos bajo coacción legal—, representada por el ascenso al poder de una élite de terratenientes y comerciantes, articulada en redes clientelares vinculadas a la economía agroexportadora dependiente[31].

En lo esencial, el debate de la época imperial está polarizado alrededor la tensión entre el pensamiento «centralizador», que ve por un lado la construcción de la ciudadanía moderna y la valorización de los intereses individuales como necesariamente asociados a la expansión del Estado en cuanto principal actor regulador de la sociedad, y por otro lado el pensa-

---

27. Faoro, R. «¿Existe um pensamento político brasileiro?», en *Estudos Avançados*, núm. 1, 1987/1, págs. 9-58.

28. Werneck Vianna, L. «Caminhos e Descaminhos da Revolução Passiva à Brasileira», cit.; Carvalho Franco, M. *Homens Livres na Ordem Escravocrata*, Unesp, São Paulo, 2002 (1.ª ed.1969).

29. El poder moderador, en manos del emperador, tiene como principal prerrogativa el equilibrio entre los poderes del Estado imperial, ejecutivo, legislativo y judicial.

30. Murilo de Carvalho, J. *A construção da ordem*, cit.

31. Viotti da Costa, E. *Da Monarquia à República*, cit.

miento liberal —basta pensar en el escritor y político Tavares Bastos— que identifica en el Estado federal y descentralizado la plena realización de la libertad individual[32].

Sobre la base de tales consideraciones preliminares y en la perspectiva de comprender por qué y a través de qué redes culturales e ideológico-políticas el pensamiento autoritario brasileño de principios del siglo XX se apropió del fascismo, el dato a subrayar es la centralidad de un proyecto político-social de organización de la sociedad brasileña postcolonial fuertemente conservador —terreno fértil para el autoritarismo, al cual no debe ser asimilado a secas[33]—, si pensamos que a principios del siglo XX el modelo *Saquarema* de los grandes ideólogos del Estado imperial centralizador y eficiente es reelaborado en una nueva vestimenta teórico-política por los principales exponentes del Estado fuerte y autoritario, visto como «instrumento» para transformar al pueblo «amorfo» brasileño en una nación[34].

Sin embargo, es necesario esperar la llegada de la República en 1889 para situar el nacimiento de la ideología del estado autoritario brasileño. Y es, por tanto, sobre los caracteres de esta época que debemos detenernos, aunque sea en forma esencial.

2. La Primera República

El proceso de desintegración del Imperio fue gradual. No cabe duda de que la base social y política que lo sustentaba se fue erosionando con la abolición de la esclavitud en 1888. La constitución de 1891 selló el nuevo rumbo —proclamación de la República (1889), Asamblea Constituyente (1890)—, incorporando en la cultura jurídica brasileña la tradición liberal anglosajona del individualismo político-económico y la organización federalista norteamericana, en sustitución del centralismo imperial[35]. Por un lado, el sistema federal y la descentralización administrativa favorecieron el acercamiento de la población al gobierno central a través de la elección de presidentes y pre-

---

32. Sobre este tema, NUNES FERREIRA, G. *Centralización y descentralización en el Imperio: el debate entre Tavares Bastos e visconde do Uruguai*, Departamento de Ciencia Política, Universidad de São Paulo/Editora Universidad de São Paulo/Editora 34, São Paulo, 1999; COSER, I. «O debate entre centralizadores e federalistas no século XIX», en *Revista Brasileira de Ciências Sociais*, núm. 76, 2011/26, págs. 191-227.

33. Como lo hace de manera superficial L. MORITZ SCHWARZ, *Sobre o autoritarismo brasileiro*, Companhia das Letras, São Paulo, 2019.

34. LYNCH, C. «Quando o regresso é progresso: a formação do pensamento político conservador saquarema y su modelo político (1834-1851)», en *Revisión del pensamiento conservador*, coordinadores G. Nunes Ferreira, A. Botelho, Hucitec, São Paulo, 2010.

35. *Cf. O Brasil republicano*, v.1, *O tempo do liberalismo excludente*, coordinadores J. Ferreira, L. Delgado, Civilização Brasileira, Rio de Janeiro, 2003; C. VISCARDI, *Unidos perderemos: a construção do federalismo republicano*, Editora CRV, Curitiba, 2017.

fectos de los diferentes Estados. Pero, por otro lado, hay que subrayar que la concesión de amplios poderes electorales, jurídicos, fiscales y militares a los Estados y municipios fortaleció el dominio político de los *Coronéis*[36] a nivel municipal, y de las oligarquías a nivel estatal y federal, las cuales, apoyadas por partidos, también de alcance local, controlaban todos los aspectos de la gestión de la *res publica*, impidiendo cualquier intento de oposición política. La alianza entre las oligarquías de los Estados más grandes, especialmente São Paulo y Minas Gerais, determinó la política nacional de la Primera República hasta la «Revolución de 1930».

Desde el punto de vista económico, junto con el tradicional modelo agroexportador, las clases políticas liberales promovieron las primeras políticas públicas, aunque frágiles e inciertas, destinadas a favorecer el proceso de modernización, conscientes de que el futuro del país estaba asociado al modelo de desarrollo basado en la industria, estimulado principalmente por la iniciativa privada, los altos beneficios derivados de la exportación de café, la reforma del sistema financiero y bancario, y la importación de capital constante (nuevas maquinarias y equipos más modernos) para aumentar la acumulación originaria realizada en la época imperial.

Es innegable que el período posterior a la Primera Guerra Mundial es crucial para el desarrollo de la economía brasileña en su conjunto, aunque el país no haya participado en la Gran Guerra.

El Brasil comienza a cambiar. Se están sentando las bases para la transición gradual al modelo *nacionaldesenvolvimentista*. Basta pensar en los primeros grandes centros urbanizados e industrializados de São Paulo y Río de Janeiro. Al mismo tiempo, se intensifica la creación de una economía más orientada hacia la producción nacional y la expansión de un mercado de consumo interno, con el objetivo de reducir la dependencia del país en las exportaciones de productos primarios, las inversiones internacionales y la importación de productos de alta tecnología.

En esta perspectiva, la crisis de 1929 resulta ser un verdadero punto de inflexión para comprender la transición de Brasil rural postcolonial, caracterizado por una concentración de capitales en los sectores agrícolas y en la pequeña y mediana empresa artesanal, a uno industrial y urbanizado.

Por un lado, en 1929 se sigue mostrando el carácter dependiente de la economía brasileña, ya que pone de rodillas la exportación de café, demostrando el riesgo de sobreproducción que había acompañado todo el ciclo económico del café. Y de poco sirvieron las políticas deflacionarias de los gobier-

---

36. En el clásico NUNES LEAL, V. *Coronelismo, enxada e voto*, Companhia das Letras, São Paulo, 2012 (1a ed.1949), el *coronelismo* se define a partir de la formación de un sistema representativo que reproduce los lazos de dependencia social y económica del latifundio. El coronel, del cual todos dependen, goza de amplios poderes locales, crea redes de alianzas, cumple funciones de policía local y, en caso necesario, puede incluso organizar una milicia privada para enfrentar a los *coronéis* rivales.

nos liberales en un intento de contener las crisis de los años veinte, dado que la estrategia de absorber los excedentes de la producción de café a través de préstamos de capital extranjero resultó ser solo un paliativo.

Por otro lado, sin embargo, en 1929 se acelera la modernización del país, centrado en un proyecto de desarrollo nacional industrializador. Las consecuencias políticas y sociales del despegue brasileño son disruptivas. En 1892, nace el Partido Socialista Brasileño. Convergen en él intelectuales y clases medias urbanas que impulsan la entrada de trabajadores de diversos sectores, algunos de ellos ya sindicalizados, como los ferroviarios; mientras que, a principios del siglo XX, en las dos principales áreas urbanas de Río de Janeiro y São Paulo se concentra la mayor parte del capital invertido en la industria y más de la mitad de la clase obrera, casi en su totalidad compuesta por inmigrantes europeos (principalmente italianos, españoles y portugueses), distribuidos en todos los sectores de la producción industrial.

Además de reemplazar la mano de obra servil después del fin de la esclavitud, la emigración había introducido en Brasil ideas anarquistas, socialistas y comunistas que se difundieron rápidamente no solo entre la clase obrera brasileña, aún incipiente, sino también entre los antiguos trabajadores rurales brasileños, que se unieron a las primeras organizaciones sindicales surgidas tras la ley de sindicalización de 1907, para reivindicar algunos derechos sociales esenciales como la mejora de las condiciones laborales, el derecho a la huelga, el descanso semanal, las vacaciones y la regulación de las horas de trabajo.

Posteriormente, hacia el final de la Primera Guerra Mundial, la clase obrera, bajo la dirección de las corrientes anarcosindicalistas, radicalizó la protesta, cuyo punto culminante fueron las huelgas del trienio 1917-1920, que insertaron las luchas económico-sindicales en un diseño más amplio de derrocamiento del capitalismo imperialista.

En este escenario, el surgimiento del Partido Comunista Brasileño (PCB), considerado en el debate historiográfico como uno de los grandes eventos «revolucionarios» de Brasil en la década de 1920, es un hito fundamental en la organización de las clases trabajadoras surgidas de los procesos de industrialización. El PCB, nacido del grupo comunista de Río de Janeiro, tiene la intención de alinearse con los principios de la Tercera Internacional. Por lo tanto, la estrategia impresa a las luchas obreras es la de la revolución social abierta, no aceptando ninguna conciliación estratégica, coyuntural, con el Capital y el Estado Liberal. Sin embargo, el PCB sigue siendo un partido de pocos militantes al menos hasta mediados de la década de 1930, cuando el núcleo fundador, después de reflexionar sobre el origen anarquista del partido, se orienta hacia la táctica de alianzas estratégicas con sectores de la burguesía industrial en función de un proyecto de desarrollo nacional, también bajo el impulso de la política de los Frentes Populares en Francia y España.

En general, las luchas obreras entre finales de la década de 1910 y la década de 1920, aunque no cuestionan la hegemonía ideológica del *laissez-faire*, ya superada en otros países, indican sin embargo la insuficiencia de los automatismos del mercado en la creación de una estabilidad social. De hecho, no es casualidad que en coincidencia con los ciclos más duros de luchas se elaboren algunas leyes sociales[37], aunque restringidas a las áreas urbanas, dado que las áreas rurales están bajo el control de las tradicionales oligarquías terratenientes.

El proceso industrial, intensificado por la Gran Guerra, y las luchas obreras radicalizan la crisis del liberalismo. El eje principal de la «Vieja República» —la alianza entre los «dueños del café», los sectores tradicionales agroexportadores y las oligarquías liberales que los representan políticamente— ya no es capaz de gobernar el conflicto de clases y la expansión de las nuevas clases medias, producto de la modernización, en las grandes metrópolis del Centro-Sur del país. Es suficiente pensar en las divisiones que se abren entre las oligarquías latifundistas de los estados dominantes, provocando divisiones dentro de los partidos principales. Una corriente liberal burguesa del Partido Republicano Paulista crea en 1926 el Partido Democrático, mientras aumentan las demandas obreras, tratadas por el gobierno de la época solo como «un caso de policía», a pesar de las huelgas, las ocupaciones de fábricas y la movilización de amplios sectores de la clase obrera e incluso de sectores de las clases medias urbanas y de las fuerzas del orden.

Serán estas fuerzas las que desempeñarán un papel destacado en la contestación del monopolio de las oligarquías, enfrentándose a la distribución equilibrada de los cargos políticos.

En el debate historiográfico brasileño, se registra un acuerdo casi unánime sobre la centralidad de 1922 en el proceso de transición de Brasil desde una sociedad rural, latifundista, oligárquica y esclavista, a una sociedad industrializada[38].

Junto con el nacimiento del PCB, otros eventos son considerados «revolucionarios» y decisivos para comprender la entrada del país en la modernidad del siglo XX, bajo la dirección de G. Vargas entre los años treinta y cincuenta.

La Semana de Arte Moderno marca la «revolución estética». Organizada en el Teatro Municipal de São Paulo, en febrero de 1922, es considerada el manifiesto del Modernismo brasileño, un movimiento surgido a principios del siglo XX.

---

37. La más notable es la llamada Ley Eloy Chaves (del nombre del diputado que la presentó a la Cámara de Diputados en 1921) que establecía un fondo pensiones para los trabajadores ferrocarrileros. Fue la primera gran ley brasileña en materia de ayuda social.

38. *O Brasil republicano*, cit.

En la Semana de 1922, las vanguardias presentan sus obras teatrales, musicales, poéticas, arquitectónicas y artísticas, con el objetivo común de experimentar nuevos lenguajes, rompiendo abiertamente con los cánones estéticos y literarios tradicionales. Participan los principales exponentes del Modernismo brasileño en todos sus aspectos. Los poetas Mário de Andrade y Oswald de Andrade, el escultor ítalo-brasileño Víctor Brecheret, el novelista y futuro creador del movimiento integralista Plínio Salgado, la pintora ítalo-brasileña Anita Malfatti, los ensayistas y críticos literarios Menotti Del Picchia, entre los principales simpatizantes del fascismo durante el *Estado Novo*, Guilherme de Almeida, el director de la Biblioteca Central de São Paulo Mario de Andrade, los pintores Heitor Villa-Lobos y Di Cavalcanti, por mencionar solo algunos de los exponentes más famosos. El modernismo y la Semana de Arte Moderna, inspirados también por la circulación del futurismo italiano y de Marinetti, desempeñan un papel fundamental en la construcción de la ideología nacionalista brasileña, además de influir en algunos de los clásicos del pensamiento político brasileño, como *Raíces do Brasil* de Sergio Buarque de Hollanda.

En 1922, bajo la dirección de los intelectuales Jackson de Figueiredo y posteriormente Alceo Amoroso Lima, nace en Río de Janeiro el Centro Dom Vital, un lugar de estudio, debate y apostolado vinculado a la revista «A Ordem», fundada en 1921.

Con el apoyo del Arzobispo Dom Sebastião Leme da Silveira Cintra, el Centro Dom Vital es inmediatamente considerado como el punto de partida de la «revolución espiritual» de Brasil con el objetivo principal de acercar a la Iglesia a la élite intelectual del país para formar una «nueva generación de intelectuales católicos». Entre sus principales actividades se destacan la organización de conferencias de teología y filosofía, la edición mensual de la revista «A Ordem» y la creación de una importante biblioteca católica. El programa ideológico-político del Centro —sobre el cual volveremos en el análisis de la formación de la derecha católica brasileña— se centra en el rechazo del modernismo, que, según sus principales exponentes, no ha incorporado los conceptos de autoridad y tradición (como había demostrado la Semana de Arte Moderna de 1922), y en la defensa del conservadurismo contra cualquier forma de progreso. En esta perspectiva, el Centro muestra interés en el fascismo, considerado como su aliado natural en la lucha contra el socialismo y el marxismo.

Finalmente, entre 1920 y 1935, el movimiento de los *Tenentes*, que da lugar a la «Revolución política» con la revuelta del Fuerte de Copacabana, en Río de Janeiro. Es un fenómeno de difícil ubicación ideológica y política, ya que algunos *tenentes*, como Carlos Prestes, se convierten posteriormente en exponentes de la izquierda brasileña, mientras otros apoyan la «Revolución de 1930», obteniendo también cargos en el gobierno provisional y luego en el *Estado Novo*.

La historiografía clásica presentó la revuelta de los *Tenentes* como la expresión de la conciencia política de las clases medias urbanas emergentes

—empleados estatales, comerciantes, pequeños empresarios, soldados— en busca de una nueva representación en la crisis de la Antigua República oligárquico-liberal[39]. El malestar hacia la «vieja» clase política, Considerada corrupta, ineficiente e incapaz de dar salida al deseo de cambio de las clases medias, se convierte en uno de los temas dominantes del movimiento teniente, cuyo núcleo está formado por jóvenes oficiales de las Fuerzas Armadas, que siguiendo el modelo de la «Revolución de los Jóvenes Turcos» pretende modernizar la sociedad brasileña, en la creencia de que las fuerzas armadas son la única institución que sirve genuinamente a la nación[40].

Los *Tenentes* dieron origen a un ciclo de revueltas que marcaron la década de 1920: insurrección de 1922 en Río de Janeiro se extiende a los estados vecinos; en 1924 se organiza una «revolución» que sin embargo se expande de manera limitada, también debido a la intervención del gobierno. Los rebeldes comienzan una larga marcha a través de Brasil, con tonos legendarios: la «Coluna Prestes», en honor a su capitán L. C. Prestes, formada por más de mil hombres que recorren Brasil a pie durante tres años hasta asentarse en Bolivia.

El hilo conductor de sus reivindicaciones y la larga lucha de los años veinte es el golpe de Estado, —cerrado sin embargo a un ingreso revolucionario de las masas populares en el poder—, apoyado por el lema de «Representación y Justicia».

Tenemos entonces el marco histórico, económico, político-social, cultural e ideológico para analizar el nacimiento de la derecha autoritaria brasileña entre las décadas de 1910 y 1920.

3. Nacionalismo y positivismo. En las raíces del autoritarismo brasileño de principios del siglo XX

El punto de partida para el estudio de la galaxia de las derechas brasileñas no puede ser sino el análisis de las características específicas de lo que ha sido justamente definido como la «ideología del Estado autoritario» brasileño de principios del siglo XX.

Es bien sabido que la categoría de autoritarismo fue reintroducida en el debate teórico-político de la Guerra Fría para definir tipos de dictaduras que no encajaban en el totalitarismo clásico, de derecha o de izquierda, de partido único. Hannah Arendt identificó en el nazismo y el estalinismo regímenes compatibles con el concepto de totalitarismo, clasificando el fascismo

---

39. El clásico SANTA ROSA, V. *O Sentido do Tenentismo*, Schmidt, Río de Janeiro, 1932; también FAUSTO, B. *A Revolução de 1930: História e historiografia*, Brasiliense, São Paulo, 1970.

40. Sobre este aspecto, J. MURILO DE CARVALHO, *Forças Armadas e Política no Brasil*, Jorge Zahar Editor, Río de Janeiro, 2005.

italiano, a pesar de ser el primer modelo de régimen en reclamar con fuerza la movilización totalitaria de la sociedad italiana a través del Partido-Estado, en la tipología autoritaria, porque según ella a la dictadura de Mussolini le faltaría un proyecto de exterminio de raza o de clase, que en su opinión es la esencia más profunda del totalitarismo.

Por un lado, Arendt tuvo el mérito de elaborar una rigurosa teoría filosófica-política del totalitarismo, a contracorriente con las ciencias políticas posteriores a la Segunda Guerra Mundial empeñadas en crear tipos de dictaduras muy esquemáticos, pero, por otro lado, dejó abierto el problema de definir regímenes y dictaduras que, sin poseer los rasgos más específicos del totalitarismo (partido único, movilización, movilización permanente y campo de exterminio), se caracterizan por un complejo de elementos como la ideología oficial del régimen, el terror, la violencia y los campos de concentración, que los acercan al nazismo y al estalinismo.

Sobre esta cuestión crucial, se desarrolla una extensa literatura, insatisfecha de las teorías clásicas del totalitarismo, en el contexto de una ciencia política cada vez más marcada por el clima ideológico de la Guerra Fría.

El objetivo es refundir el autoritarismo en una nueva perspectiva científica, para intentar dar cuenta de otros fenómenos.

En el ámbito de la derecha, además del fascismo italiano, el franquismo español, el salazarismo portugués, el régimen de los coroneles en Grecia, los regímenes y dictaduras militares de América Latina y del África poscolonial.

En el campo de la izquierda, los países satélites de la Unión Soviética en Europa del Este, China comunista, el régimen castrista.

El renovado interés en el concepto de autoritarismo se debe sin duda al sociólogo español Juan Linz[41]. Su definición de autoritarismo, polarizada en torno a ciertos rasgos como el terror, la violencia, la propaganda, el pluralismo limitado y una «mentalidad autoritaria», pronto se convierte en el paradigma de una nueva generación de sociólogos, especialmente en el ámbito de las teorías «tercermundistas» del desarrollo, que se enfrentan al problema de responder por qué los países latinoamericanos eligen la vía autoritaria para romper la dependencia del llamado «centro» capitalista y comenzar el *nacionaldesenvolvimentismo*[42] [43], a pesar de que el período entre las dos guerras mundiales estuvo caracterizado por la competencia entre proyectos estatales gigantescos: desde el Estado soviético surgido de la Revolución comunista hasta el Estado fascista corporativo, pasando por el *New Deal* keynesiano. Es el caso de las ciencias sociales brasileñas, comprometidas

---

41.   LINZ, J. «An Authoritarian Regime: the Case of Spain», en *Mass Politics: Studies in Political Sociology*, coordinadores E. Allardt, S. Rokkan, Free Press, New York, 1970.

42.   CARDOSO, F. H., FALETTO, E. *Dependência e desenvolvimento na América Latina*, cit.

43.   *Nacionaldesenvolvimentismo*: Nacional-desarrollismo [N.d.T.]

en la elaboración de una categoría lo suficientemente elástica, pero al mismo tiempo rigurosa y científica, para definir la naturaleza y los rasgos específicos del autoritarismo brasileño en el panorama de los regímenes totalitarios y autoritarios entre las dos guerras mundiales[44].

Si en el inmediato segundo después de la guerra, las principales teorías producidas desde el final del *Estado Novo* se centran en el concepto de populismo, lo veremos más adelante, dialogando con los clásicos del pensamiento político brasileño[45] y con el sociólogo ítalo-argentino Gino Germani, en la década de 1970, por otro lado, basándose en las contribuciones estructuralistas de J. Linz, la ciencia política brasileña coloca en el centro de la reflexión el autoritarismo en un intento de comprender el vínculo privilegiado entre el Estado autoritario y el desarrollo del país[46]. En el horizonte abierto por Linz se encuentra la teoría del autoritarismo del científico social Bolívar Lamounier[47].

Rompiendo con la categoría de «cordialidad», según la cual el «hombre cordial» brasileño sería incompatible con los procesos de movilización total de la sociedad europea, fascista o comunista[48], Lamounier llega a la conclusión de que «la ideología del Estado autoritario brasileño», articulada en un filón específico de pensamiento, no es una simple copia del fascismo europeo, ya que se alimenta entre finales del siglo XIX y principios del siglo XX por una síntesis entre el pensamiento conservador brasileño del siglo XIX y un conjunto de ideas «protofascistas» que desde hace tiempo circulaban en Brasil: no solo el autoritarismo, sino también el sindicalismo «soreliano», el corporativismo caracterizado por rasgos antiliberales, antisocialistas y centralizadores, y sobre todo el nacionalismo, como poderoso catalizador de todas las corrientes ideológicas y políticas que se oponían abiertamente a la constitución de la Primera República.

---

44. *A construção social dos regimes autoritários*, I-II, coordinadoras S. Viz Quadrat, D. Rollemberg, Rio de Janeiro, Civilização Brasileira, 2010.

45. Buarque de Hollanda, S. *Raízes do Brasil*, cit.

46. Según el científico político argentino G. O'Donnell, el autoritarismo en los países latinoamericanos estaría vinculado a un camino específico de desarrollo nacional. La noción elaborada es «régimen burocrático-autoritario». Sobre el debate, ver. *O estado autoritário e os movimentos populares*, coordinador. P.S. Pinheiro, Paz e Terra, Rio de Janeiro, 1979; O'Donnell, G. *Reflexões sobre os estados burocrático-autoritários*, Vértice, São Paulo, 1987; *Transições do regime autoritário. Primeiras conclusões*, coordinadores G. O'Donnell, P. Schmitter, Vértice, São Paulo, 1988; Schwartzmann, S. *Bases do autoritarismo brasileiro*, Campus, Rio de Janeiro, 1982.

47. Lamounier, B. «Formação de um pensamento político autoritário na Primeira República», en *História geral da civilização brasileira*, vol. 2, t. III, coordinador B. Fausto, Difel, São Paulo, 1977, págs. 345-374.

48. Buarque de Hollanda, S. *Raízes do Brasil*, cit., págs. 139-152. La palabra italiana correspondiente a «cordialidad» solo devuelve parcialmente la riqueza de significados atribuidos por Buarque de Hollanda a la cordialidad, que también incluye la espontaneidad, la generosidad y la hospitalidad.

Para comprender el autoritarismo brasileño, primero es necesario analizar la formación de un movimiento nacionalista a finales del siglo XIX y principios del siglo XX. El «redescubrimiento de la nación»[49], consigna del nacionalismo, es un sentimiento que circula transversalmente en los ambientes político-culturales brasileños de la época, enfrentándose a grandes transformaciones sociales.

Poniéndonos en la perspectiva de Brasil como «laboratorio ideológico-político» de la «circulación de ideas», transnacional y transatlántica, entre Europa y América Latina, nos interesa comprender las etapas esenciales del movimiento nacionalista brasileño a principios del siglo XX.

Para nuestro análisis, algunos puntos son cruciales. Para entendernos, el asunto es si se trata de un movimiento nacionalista orgánico o son movimientos diferentes y separados, o simplemente iniciativas de intelectuales aislados. La cuestión, por lo tanto, también está relacionada con el papel desempeñado por los intelectuales como «productores de ideas», tema sobre el cual durante mucho tiempo ha prevalecido la tesis de la escuela brasileña anglosajona, que ve a Brasil, a fines del siglo XIX y principios del siglo XX, como un país rural incapaz de crear intelectuales, pudiendo, en consecuencia, solo «imitar» y/o importar modelos extranjeros. Pero, como nos enseña la teoría gramsciana del «intelectual orgánico», elaborada sobre la base del análisis de la formación de Italia en el *Risorgimento*, no hay conexión entre la modernización de un país y su producción de intelectuales. Italia, analizada en los *Cuadernos*, a pesar de seguir siendo un país rural, crea una élite intelectual capaz de pensar de manera teóricamente original las relaciones entre el campo y la ciudad, el mundo campesino y las clases trabajadoras en la transición del Estado liberal al Estado nacional de masas.

Por lo tanto, nos parece más productivo seguir la línea interpretativa de los sociólogos S. Miceli y D. Pécaut, quienes, a pesar de algunas diferencias, muestran que, a principios del siglo XX, Brasil produjo un «campo» de intelectuales «profesionales» del estudio de la «cuestión nacional»[50]. Inspirados también por autores extranjeros, estos autores elaboran modelos para comprender las características originales del país y transformar su realidad. Es el caso de Alberto Torres, Oliveira Vianna[51], Azevedo

---

49. MARSON, A. *A ideologia nacionalista em Alberto Torres*, Livraria Duas Cidades, São Paulo, 1979; LIPPI, L. *A questão nacional na Primeira República*, Brasiliense, São Paulo, 1990; FAUSTO, B. *O pensamento nacionalista autoritário (1920-1940)*, Rio de Janeiro, Jorge Zahar, 2000.

50. MICELI, S. *Intelectuais e classe dirigente no Brasil (1920-1945)*, cit.; PÉCAUT, D. *Os intelectuais e a política no Brasil*, cit.

51. Francisco José de Oliveira (1883-1951). Profesor de derecho laboral, autor de numerosas obras sobre la formación del pueblo brasileño, incluyendo *Populações Meridionais do Brasil* (1920), fue uno de los principales teóricos de la vía brasileña hacia el corporativismo autoritario. Consultor jurídico del Ministerio de Trabajo desde 1930, desempeñó un papel

Amaral[52], Francisco Campos[53], Candido Motta Filho[54], Plínio Salgado[55], Roberto Simonsen[56], solo por mencionar algunos de los más significativos. Si, como es sabido, en Italia, el período 1912-1922 —con la conquista de Libia, la Gran Guerra y el fascismo en el poder— constituye el paso crucial en la transformación de la idea de nación de resurgimiento-liberal a nacional-imperialista, bajo la influencia del movimiento nacionalista, luego ampliamente fusionado en el fascismo, también en Brasil ese período es decisivo para redescubrir la cuestión nacional, ya que es bajo el efecto disruptivo de la guerra que el estado nacional es repensado. El primer elemento a considerar para un análisis de la ideología nacionalista brasileña es el profundo contraste entre el país representado en la constitución de 1891 y el país real (*O País Legal* y *O País Real*). Su manifiesto, surgido en el signo de un renovado interés por la nación y sus características originales, es la novela *Os Sertoes* (1902) de Euclides da Cunha[57].

---

fundamental en la elaboración de todas las principales etapas de la legislación social brasileña durante el régimen de Vargas.

52. Azevedo Amaral (1881-1942). Periodista, ensayista, fue uno de los ideólogos destacados del *Estado Novo*, defendiendo el modelo autoritario en contraposición tanto al Estado liberal como al Estado totalitario, comunista o fascista, en su obra más importante *O estado autoritario e a realidade nacional* (1938).

53. Francisco Campos (1891-1968). Profesor de filosofía del derecho, en el gobierno provisional formado después de la «Revolución de 1930» fue nombrado ministro de Educación y Salud. Después del golpe de Estado de 1937, fue ministro de Justicia y ponente de la Constitución del *Estado Novo*. En la década de 1960, participó en la redacción de los primeros actos institucionales de la dictadura militar. Su obra principal es *O Estado nacional* (1940).

54. Candido Motta Filho (1897-1977). Fue magistrado, profesor, ensayista y periodista. Autor de numerosas obras de carácter jurídico-político, fue admirador del fascismo italiano. Participó en algunas de las principales vanguardias nacionalistas de los años veinte, se unió al integralismo en los años treinta. Después de la Segunda Guerra Mundial ocupó importantes cargos políticos.

55. Plinio Salgado (1895-1975). Periodista, novelista y político, fundador y líder indiscutible del movimiento integralista. Entre sus principales obras políticas se encuentran *O que é o Integralismo* (1933), *A Quarta Humanidade* (1934), *Despertemos a Nação!* (1935), *A Doutrina do Sigma* (1935). Salgado fue candidato en las elecciones presidenciales de 1938. Arrestado y enviado al exilio en Portugal, tras la disolución del movimiento integralista durante el *Estado Novo*, regresó a Brasil en 1945. Luego retomó la actividad política en posiciones más compatibles con el nuevo rumbo democrático. Candidato a la presidencia del país en 1955, obtuvo escasos resultados. Sin embargo, no dudó en apoyar el golpe militar de 1964.

56. Roberto Simonsen (1889-1948). Ingeniero, industrial, ensayista y político, participó en el movimiento constitucionalista en 1932 y fue diputado por el Estado de São Paulo a principios de los años treinta. Aunque sostenía que el corporativismo era el modelo más moderno de organización del conflicto capital-trabajo, se opuso al corporativismo de Vargas, del que criticó la matriz fascista, considerada incompatible con las necesidades del mundo empresarial liberal brasileño. Fue autor de una exitosa *História Econômica do Brasil* (1937).

57. Euclides da Cunha (1866-1909) fue periodista, escritor y miembro de la Academia Brasileña de Letras. Da Cunha se inspiró en los acontecimientos de la «Guerra de Canudos» (1896-1897), llamada así por la pequeña comunidad de Canudos, en el árido centro del

El escritor se hace portavoz del estado de abandono y de miseria de las poblaciones del centro del país. Frente a la ineptitud de las élites liberales, ocupadas en la creación de un Brasil europeo, la novela de E. da Cunha convoca a todos aquellos que, desde la literatura, el arte, las ciencias exactas hasta las sociales, buscan sensibilizarse en torno a la cuestión nacional brasileña, repensada en el ámbito del *Nativismo*.

Otra figura destacada del nacionalismo brasileño a principios del siglo XX es el escritor Monteiro Lobato[58], considerado uno de los principales exponentes del modernismo brasileño. Su personaje principal, *Jeca Tatu*, encarna el dilema del hombre brasileño, representado como apático pero dispuesto a participar en las primeras luchas nacionalistas a favor de romper la dependencia económica de los países «desarrollados» y la explotación de las riquezas nacionales, como el petróleo, para crear la nación.

Si el estudio de los rasgos originales del nacionalismo es necesario para comprender el autoritarismo brasileño, no es suficiente, ya que la esencia más profunda de este fenómeno radica en la unión entre nacionalismo y positivismo[59]. En este punto, es necesario enmarcar, aunque sea en líneas generales, la apropiación brasileña del positivismo.

En el sur del país, área en la que el positivismo circuló ampliamente, uno de sus principales adeptos fue el político Júlio de Castilhos (1860-1903). Líder del Partido Republicano Rio-Grandense/PRR (1882-1937), Castilhos se inspiró en la «dictadura republicana» de Comte para redactar la constitución de Rio Grande do Sul. Desde su fundación en 1897, el PRR se había distinguido por una ideología que lo hacía diferente de los partidos tradicionales de la República liberal. Era un partido sensible al problema de dar una nueva organización a los fenómenos producidos por los primeros procesos de modernización de Brasil: la cuestión social, las huelgas, las condiciones de profunda miseria del movimiento obrero.

---

estado de Bahía, en el noreste de Brasil, escenario del conflicto entre el ejército republicano, apoyado por los terratenientes, y el movimiento de restauración monárquica liderado por Antonio Conselheiro.

58. Monteiro Lobato (1882-1948), abogado, escritor, editor de literatura infantil, traductor. Tuvo una notable influencia en los principales exponentes del nacionalismo brasileño, incluido Oliveira Vianna.

59. Sobre la circulación del positivismo en Brasil, LINS, I. *História do positivismo no Brasil*, Companhia Editora Nacional São Paulo, 1964 (2a ed.); LOVE, J. L. *Rio Grande do Sul and Brazilian Regionalism, 1882-1930*, Stanford Univ. Press,Stanford, 1971; *Idem, Crafting the Third World: Theorizing Underdevelopment in Rumania and Brazil,* Stanford Univ. Press, Stanford, 1996; ABREU, L.A. *Um olhar regional sobre o Estado Novo*, EdiPUCRS, Porto Alegre, 2007; PAIM, A. *História das ideias filosóficas no Brasil*, Edições Humanidades, Londrina, 2007; *O Positivismo: teoria e prática*, coordinator H. Trindade, Editora da UFRGS, Porto Alegre, 2007; VÉLEZ RODRÍGUEZ, R. *Castilhismo: uma filosofia da República*, Senado Federal, Brasília, 2010 (1a ed. 1980); HENTSCHKE, J. R. «Comtismo, Castilhismo, and Varguismo: anatomy of a Brazilian Creed»,em *Locus. Revista de História*, núm. 2, 2021/27, págs. 245-287.

Su clase dirigente, proveniente de los sectores agrícolas del Norte pobre de Rio Grande do Sul además de los estratos urbanos y la inmigración europea, no se reconocía en el liberalismo de los llamados *bacharéis*, término asociado, de forma polémica, sobre todo a las clases dirigentes liberales, formadas en las facultades de derecho, y como tales principales artífices de la constitución «europea» de 1891, apoyados por los productores de ganado.

Eran positivistas y colocaron en el centro de su programa ideológico y político una nueva visión de la *res pública*.

Una vez en el poder, la propuesta del PRR, siguiendo la línea de Comte, se articulaba en torno a la «dictadura» de los tecnócratas, los más «capaces y competentes», presentados como los defensores de la moralidad pública frente al deterioro de las costumbres de la liberaldemocracia. Castilhos, su sucesor Borges de Medeiros, gobernador de Rio Grande do Sul durante 25 años, y otros dirigentes sostenían que las élites liberales, a pesar de haber iniciado un programa de políticas públicas destinadas a mejorar los derechos sociales, eran incapaces de poner un freno al individualismo sin límites y al mercado sin reglas.

Por un lado, el antipolitismo, entendido como el rechazo a la representación liberal tradicional, es la *pars destruens* de su ideología, mientras que, por otro lado, la *pars construens* está constituida por un nuevo proyecto político modernizador, pero al mismo tiempo respetuoso del orden conservador de las jerarquías, alimentado por la consigna de la organización nacional. Es por eso que gozan de un amplio apoyo social transversal, desde los sectores más dinámicos de la época, como el mundo de la educación, los estudiantes, especialmente de las escuelas profesionales, hasta los militares, cuya presencia en el Estado de Rio Grande do Sul es considerable, ya que se encuentra en la frontera con Argentina, Uruguay y Paraguay.

Ante la crisis del liberalismo, el eje central del positivismo de los Republicanos es la búsqueda de un «Estado Nuevo» que trascienda al individuo. Por lo tanto, se trata de un estado «orgánico», cuya tarea principal es asegurar el pleno desarrollo, sin distinciones, de todas las partes que componen la sociedad, para alcanzar la armonía social y el progreso, en nombre del interés superior de la nación.

En cuanto al ejercicio del poder, la teoría de la dictadura «tecnocrática» y corporativa de la cuestión social y obrera señala las pautas de la acción político-administrativa del gobernador-presidente. Él tiene amplias prerrogativas, concentrando tanto el poder ejecutivo como el poder legislativo, mientras que a la Asamblea solo le corresponde la tarea de votar las leyes. En ausencia de las necesarias mediaciones representativas de la liberal democracia, las derivas cesaristas, autocráticas y paternalistas producidas por la concentración de poder en manos del gobernador se manifiestan principalmente en el intento de intervenir en las relaciones entre el capital y el trabajo, incluso creando tribunales de arbitraje, en abierta polémica con la constitución liberal y federalista de 1891.

De esta manera, las huelgas estaban naturalmente destinadas a extinguirse, según una concepción naturalista y evolucionista de la sociedad brasileña, conducida por los apóstoles brasileños de Comte hacia el bienestar, la armonía, la paz social y la satisfacción de todas las necesidades mediante el binomio orden, que en algunas circunstancias se transformaba en represión, y progreso[60].

La amplia circulación del positivismo en Brasil es un aspecto importante para comprender el modelo de desarrollo que G. Vargas, destacado exponente de una nueva generación de políticos positivistas de Rio Grande do Sul, pretende imprimir a su proyecto de desarrollo nacional con la «Revolución de 1930».

Es suficiente pensar que la constitución riograndense sirve como modelo también para la del *Estado Novo* en la parte sobre la incorporación del proletariado en el Estado.

Sin embargo, si a los positivistas brasileños se les debe el mérito en el ámbito jurídico de haber sentado las bases de la organización de la cuestión social en el Estado-nación, un avance fundamental en el plano teórico-político es realizado por Alberto Torres[61], en cuya obra el nacionalismo y el positivismo se encuentran.

4. Alberto Torres, teórico de la organización nacional

Pocos intelectuales como Torres han sabido interpretar en sus escritos el espíritu del tiempo, dedicándose a los grandes temas de Brasil entre finales del siglo XIX y la ruptura épica de la Primera Guerra Mundial: el pasado colonial, la República liberal, la dependencia de los países más desarrollados, la creación de una nación brasileña.

Al margen del debate sociopolítico de los años veinte, el «redescubrimiento» de Torres se debe a un grupo de intelectuales de los años treinta, que lo convierten en símbolo de su adhesión al Estado autoritario de Vargas, al punto de influir profundamente en la reflexión sobre su pensamiento hasta

---

60. *Ordem e Progresso* (Orden y Progreso) son las palabras de la bandera brasileña.

61. Alberto Torres (1865-1917), abogado, ensayista, parlamentario y gobernador del Estado de Río de Janeiro, es sin duda uno de los intelectuales brasileños más importantes a fines del siglo XIX y principios del siglo XX. Entre sus obras se recuerdan *O problema nacional brasileiro* (1914) y *A organização nacional* (1914). Sobre la vida y el pensamiento de Torres, OLIVEIRA VIANNA, F. J. *Problemas de política objetiva,* Companhia Editora Nacional, São Paulo, 1930; LIMA SOBRINHO, B. *Presença de Alberto Torres*, Río de Janeiro, Civilização Brasileira, 1968; MARSON, A. *A ideologia nacionalista em Alberto Torres*, cit.; SILVA, R. *A Ideologia do Estado Autoritário no Brasil*, Argos, Chapecó, 2004; LOMBARDI, M.F. «O Pensamento Político de Alberto Torres: A Reforma Constitucional e o Estado Brasileiro», en *Revisão do Pensamento Conservador*, cit., págs. 95-118.

las últimas décadas, cuando nuevas generaciones de estudiosos han mostrado que la asimilación de Torres al autoritarismo brasileño es compleja y no consensuada.

Según el científico político Lamounier, Torres es uno de los principales teóricos de la «ideología del Estado autoritario brasileño». Es una lectura ya consolidada y compartida, que sin embargo no hace justicia a la riqueza de su pensamiento político. Como en otras ocasiones hemos argumentado, se trata de una de las principales manifestaciones de la tensión liberalismo-autoritarismo que atraviesa la historia de Brasil en su conjunto en el siglo XX.

De formación liberal, Torres siempre fue sensible al tema de la creación de la nación brasileña. Su adhesión al nacionalismo se desarrolla a través de una incorporación del positivismo, especialmente en el campo jurídico, siguiendo en la estela de G. Jellinek, destacado representante del constitucionalismo alemán de finales del siglo XIX.

En sus dos obras dedicadas al nacionalismo brasileño —*O problema nacional brasileiro* (1914), *A organização nacional* (1915)—, Torres no cuestiona el binomio libertad-nación del idealismo romántico, que es defendido en todos los cargos políticos que ha ejercido.

Si bien, por un lado, no hay duda de que el liberalismo político ha garantizado el progreso de la libertad —y Torres elogia el fin de la esclavitud en Brasil—, por otro lado, el liberalismo económico emprendió en la segunda mitad del siglo XIX el camino de la financiarización. Además, agrega, el capitalismo globalizado, en la era liberal, ha acentuado aún más la dependencia de Brasil de los países más desarrollados. Por lo tanto, se trata de recuperar todos los recursos nacionales, vendidos al «capital extranjero», desarrollando un «nacionalismo económico», polarizado en torno a la centralidad del Estado, que lo sitúa, con toda razón, entre los precursores de las teorías de la dependencia de la segunda mitad del siglo XX.

Para respaldar su tesis, el estudioso se inspira en autores y escuelas de pensamiento europeas. Sin duda, es uno de los aspectos más interesantes, aunque contradictorios, de su obra, y en general uno de los temas centrales del actual debate sobre el pensamiento político brasileño y su conflictiva relación con las teorías «eurocéntricas»[62].

En particular, el análisis de la Francia del siglo XIX como laboratorio de los conflictos provocados por la transición europea de la civilización rural a la industrial y urbanizada, moderna, le proporciona las herramientas teóricas y metodológicas para fundamentar su supuesto «antiliberalismo», de matriz económico-financiera, y la consiguiente teorización del Estado fuerte auto-

---

62.   BRANDÃO, G. M. *Linhagens do pensamento político brasileiro*, Editora Hucitec, São Paulo, 2007; LYNCH, C. «Por Que Pensamento e Não Teoria? A Imaginação Político-Social Brasileira e o Fantasma da Condição Periférica (1880-1970)», em *Dados*, núm. 4, 2013/56, págs.727-767.

ritario sobre la necesidad de separar la defensa de las libertades jurídicas y políticas de la reforma del liberalismo económico, ya presa del individualismo desenfrenado y corruptor de las costumbres, del mercado sin reglas y de la falta de solidaridad. Y es posible observar, a su juicio, tales fenómenos en las grandes ciudades brasileñas, enfrentadas a la industrialización y a un estilo de vida urbano.

Otro argumento que convierte a Torres en un intelectual no fácilmente asociable al campo de los liberales brasileños es la crítica del sistema liberal-federalista, de tradición anglosajona, de la constitución de 1891, considerada incompatible con la realidad brasileña. Por otro lado, las ideas de su programa de política social y económica se relacionan con sus propuestas de revisión de la constitución de 1891, en armonía con un nuevo proyecto de organización nacional, bajo el lema de la regeneración moral, para transformar la vida económica de la nación brasileña, resolver su crisis financiera y estimular su progreso intelectual.

Sin embargo, la crítica de la constitución no busca poner en tela de juicio los principios republicanos y las libertades garantizadas. Por el contrario, Torres sostiene que es precisamente el respeto a estos valores lo que orienta su camino como estudioso de la cuestión nacional brasileña y como hombre político comprometido en la creación de un diseño constitucional compatible con las características peculiares del pueblo brasileño. Así se explica también su interés en el análisis objetivo de la realidad social y política, basado en una metodología positiva que no está en conflicto con el espíritu de la nación brasileña.

Según Torres, la sociedad brasileña está dominada por las oligarquías y el nepotismo. Es una sociedad insolidaria, marcada por el personalismo, fuertemente jerárquica, que obstaculiza el progreso de la libertad en todas sus manifestaciones, así como la justicia social.

Influenciado por la amplia circulación de los conceptos de «anomia» y «amorfo» de Durkheim en el Brasil de principios del siglo XX, en su obra principal —A organização nacional— el intelectual reflexiona sobre el problema del contraste entre el «Brasil legal» y el «Brasil real». Por un lado, tenemos un «Brasil artificial», fruto de una mentira elaborada por la élite liberal de formación europea; por otro lado, tenemos el «verdadero Brasil», enfrentando graves problemas sociales y económicos, con un pueblo anómico, totalmente deseducado en la participación política, «amorfo» y desunido, ya que ha sido desarraigado del latifundio y de sus lazos clan-familiares para ser proyectado en la sociedad moderna de individuos libres que no les pertenece, incluso debido a su pasado colonial. Según Torres, si ambos no abandonan su aislamiento para entablar un diálogo, toda la organización jurídico-política del Estado está destinada a la catástrofe. Al igual que en el nacionalismo italiano, en Torres prevalece una visión de la nación que oscila entre el positivismo y el voluntarismo. Sin embargo, en el pensamiento de Torres, el concepto de nación está vinculado a la «atraso» histórico de Brasil. Para superar este retraso, valorar su riqueza interna y escapar del yugo de naciones extranjeras cada vez más fuertes en afirmar su autonomía, la nación —también vista en este caso como un organismo que trasciende la existencia de los individuos y se extiende en el tiempo— debe manifestarse en las formas del Estado (la nación política), que disciplina autoritariamente cada aspecto, subordinando la libertad del individuo a sus fines superiores.

La construcción de la nación requiere un análisis que se remonte a los orígenes de Brasil, en busca de elementos que puedan crear una tradición, dada la evidencia de que aún no existen ni la sociedad ni el Estado brasileño, los cuales deben ser organizados a través de un proceso mutuo de formación y educación.

La propuesta de Torres se polariza en torno a un programa político y social capaz de transformar la masa informe en una nación. Con las debidas diferencias y proporciones, no parece ilegítimo relacionarlo con el pensamiento de la Escuela de Le Play, o con el movimiento nacionalista de extrema derecha de *Action Française*, fundado por Charles Maurras[63]. Al igual que en el pensamiento del teórico del absolutismo monárquico, Torres en el caso de Brasil puede ser legítimamente considerado uno de los principales exponentes del «nacionalismo positivista», cuyo enfoque, influenciado por el positivismo francés, fusiona las leyes de los organismos naturales con los acontecimientos humanos en una concepción al mismo tiempo biológica e histórica, que se traduce en la función unificadora del Estado-nación, concebido como una síntesis de orden tradicional y progreso, moldeado según los principios de una organización corporativa. Esta es la tesis central de *A organização nacional*.

Finalmente, queda por preguntarse cuáles serían las élites capaces de dar al pueblo brasileño una forma nacional. Al llamar una vez más al pensamiento nacionalista y conservador de finales del siglo XIX, la nación debe ser pensada en armonía con la estructura clan-parental del latifundio y con la pequeña propiedad terrateniente, los verdaderos motores de un Brasil que, aunque se abre a la modernidad, sigue teniendo un alma rural. Sin embargo, se trata de un pensador difícilmente clasificable en un conservadurismo hostil a cualquier progreso de la sociedad brasileña[64], dado que Torres se acerca a las posiciones de Edmund Burke en su análisis clásico de la Revolución Francesa, donde, siguiendo al filósofo francés, aunque critica la apropiación total del universalismo liberal en la realidad brasileña, sostiene que Brasil

---

63. En la actualidad está establecido historiográficamente, aunque con algunas exageraciones (STERNHELL, Z. *Naissance de l'idéologie fasciste*, Librairie Arthème Fayard, París, 1989), que los numerosos temas del nacionalismo francés fueron absorbidos por el nacionalsindicalismo, que más tarde se fusionó con el fascismo italiano y su propuesta de la doctrina corporativa como «tercera vía» entre el liberalismo y el socialismo.

64. LOMBARDI, M. F. «Alberto Torres e o conservadorismo fluminense», en *Cadernos de Ciências Humanas - Especiaria*, núm.17, 2007/10, págs 277-301.

debe ser diseñado según modelos teóricos, político-sociales y económicos en línea con la entrada del mundo en la modernidad del siglo XX. Estamos de acuerdo con Lamounier cuando afirma que Torres piensa en el Estado autoritario-corporativo como la herramienta más moderna de la época, ya que el Estado, después de un largo período de pausa, vuelve a apropiarse de su prerrogativa, perdida en el liberalismo, de organizar las relaciones socioeconómicas, en el marco de un nuevo proyecto de organización nacional, bajo el signo del organicismo.

Para nuestro análisis sobre la apropiación brasileña del fascismo, el «nacional-autoritarismo» de Torres nos parece un aspecto importante, ya que alimenta nuestra teoría del Brasil como laboratorio ideológico-político «transnacional» y «transatlántico» del autoritarismo y del protofascismo entre finales del siglo XIX y la primera mitad del siglo XX.

Las ideas de Torres comienzan a circular rápidamente en el efervescente clima nacionalista de la época. Piénsese en Oliveira Vianna, que publica en 1922 —año de nacimiento del modernismo— su obra maestra *Populações meridionais do Brasil*, o en las contribuciones de A. Amaral, C. Motta Filho y R. Simonsen, en el campo nacional-industrial, además del florecimiento de movimientos y revistas nacionalistas a principios del siglo XX, como lo demuestra la *Revista do Brasil*, fundada en São Paulo en 1916.

Para concluir el análisis del nacionalismo brasileño, vale la pena hacer algunas reflexiones históricas comparativas con el movimiento nacionalista italiano contemporáneo, que luego se fusionó casi por completo en el fascismo.

Como hemos argumentado, también en Brasil, bajo la influencia de Torres, el punto de partida es la crítica al liberalismo, acusado de haber creado un Brasil falso, una copia distorsionada de los liberalismos europeos. El Movimiento Nacionalista de São Paulo es emblemático en este sentido. Surgido en 1915 en la Facultad de Derecho, su programa, en primer lugar, se distancia del nacionalismo europeo, visto como agresivo y expansionista. Para afirmarse como un fenómeno auténtico, ligado a sus propias raíces, el nacionalismo debe tener como temas centrales la cuestión nacional y social brasileña; su objetivo es el desarrollo de la riqueza, la fuerza y el prestigio de Brasil. Es un nacionalismo antimperialista que busca defender el territorio nacional de las agresiones de las naciones más fuertes para lograr un gran Brasil autónomo.

Siguiendo el camino señalado por Torres, Brasil se presenta como un país dominado por la anarquía social y carente de nacionalidad. Frente a la caótica situación interna, el nacionalismo es el movimiento ideológico-político destinado a valorizar la nación. Para afirmar tal convicción, es necesario un largo y arduo trabajo de educación del pueblo, a realizarse a través de un Estado autoritario, cuya prerrogativa es inculcar en la conciencia de cada ciudadano la idea de sacrificar su libertad individual en nombre del deber, del sacrificio, de la solidaridad y de la subordinación a la nación. También para el movimiento nacionalista brasileño, como para Torres, es necesario preguntarse cuáles son las clases sociales de referencia. Si en los nacionalismos europeos, en particular el italiano, se reconocen a los jóvenes intelectuales, las clases medias y la burguesía empresarial, sectores producto de la modernización, en busca de una nueva representación política y administrativa en los aparatos del Estado nacional, en un momento en el que el ascenso del proletariado y del movimiento católico están desafiando la hegemonía de las burguesías liberales, en el caso brasileño, es difícil identificar un sujeto político-social capaz de representar «el interés superior de la nación», conquistando el poder y organizando la sociedad en el signo del «Estado nuevo». Tanto en Torres como en el nacionalismo brasileño de la posguerra, la cuestión de la hegemonía no está clara. Además de visiones genéricas sobre la necesidad de crear un Estado fuerte que en poco tiempo pueda hacer del pueblo brasileño una nación, no tenemos una visión clara de qué clase debe dirigir ese proceso.

Se trata de un tema clásico de la historiografía brasileña, especialmente en el campo de las teorías de orientación marxista. Para el científico social Caio Prado Júnior[65], la burguesía brasileña no solo no ha construido un proyecto «revolucionario» nacional, hegemónico y antimperialista, sino que incluso ha desarrollado una dependencia total tanto del capital extranjero como de la intervención estatal y las iniciativas públicas entre las décadas de los veinte y los treinta. Incluso en el ámbito del pensamiento autoritario, Oliveira Vianna[66] retoma la misma noción de clase social inorgánica. El sociólogo extiende la categoría de «insolidarismo» a toda la estructura social brasileña. En su opinión, la falta de espíritu asociativo también se encuentra en los sectores más productivos e «iluminados» del país.

En su visión organicista, corresponde al Estado fuerte infundir conciencia nacional y solidaridad interclasista a las masas producidas por los procesos de modernización que atraviesan Brasil.

Como se puede observar, el esquema conceptual común a los análisis de O. Vianna y Prado Júnior se centra en lo que falta y no en lo que ya existe en el paso de Brasil del feudalismo al capitalismo. Para alimentar la tesis del «pueblo amorfo» a pesar de visiones ideológicas opuestas, ambos se abstienen de decir que en la época republicana se promulgaron algunas leyes sociales (algunas protecciones para menores y una ley de seguridad social a favor de los ferrocarrileros y estibadores, 1923) y analizar el movimiento anarco-socialista con su contribución fundamental a la organización de la clase obrera brasileña. El Brasil de Vianna y Prado Jr. es un país sumido en el caos, por lo que el Estado ocupa un espacio político y económico vacío, en ausencia de una burguesía incapaz de convertirse en clase dominante y un proletariado aún inmaduro.

---

65. PRADO JR, C. *A Revolução Brasileira*, Brasiliense, São Paulo, 1966, pág. 194.

66. OLIVEIRA VIANNA, F. J. *Populações Meridionais do Brasil*, Editora Itatiaia Limitada, Belo Horizonte, 1987 (7.ª ed.), págs. 275-276.

Es un paradigma interpretativo clásico, renovado en los últimos años por interpretaciones basadas en un estudio más profundo del vínculo entre objetivos industriales e ideología nacionalista. En esta perspectiva se mueven las reflexiones sobre el tema de la relación entre la burguesía productiva y la nación.

Sin deslegitimar el papel del Estado en el desarrollo económico brasileño, se debe señalar que la burguesía, aunque no haya hecho su revolución, no se ha comportado como un mero espectador de los eventos históricos, sino que se ha dotado de una autonomía proyectual propia, en relación dialéctica con las posibilidades y limitaciones impuestas por el Estado intervencionista, como es claramente visible en el proyecto de R. Simonsen para defender la industria, concebida como el sector más importante del interés nacional. No es una simple visión proteccionista, sino un proyecto de desarrollo que valora la «nación de los productores» en su globalidad, señalando, sin embargo, la centralidad estratégica de la industrialización en el *nacionaldesenvolvimentismo* mediante la planificación económica dirigida por el Estado.

A la luz del análisis realizado hasta ahora, se puede decir que ni la circulación del positivismo ni el surgimiento del nacionalismo condujeron necesariamente al autoritarismo, ya que socialistas, republicanos, liberales, católicos e incluso marxistas brasileños mostraron interés en las teorías positivistas y en la renovación de la idea de nación[67].

Como en los sectores del nacionalismo italiano adheridos al fascismo en 1922, es necesario examinar esa área, la más consistente, compuesta por tendencias, grupos, intelectuales, a veces aislados, y revistas, cuyas ideas han constituido un «campo» de la derecha para luego encontrar su realización práctica en la «Revolución de 1930» y en el autoritarismo del *Estado Novo*.

5. «Nacional autoritarios», católicos e integralistas. La galaxia de las derechas brasileñas

Es en el contexto recién analizado donde se debe situar el surgimiento de una derecha autoritaria y nacionalista.

Esta se configura como un «campo» de relaciones intelectuales y políticas polarizado en torno a un conjunto de problemas, en el que temas tradicionales del largo período del pensamiento político brasileño como «la ausencia de un pueblo» (entendida como falta de una conciencia nacional) y la necesidad de un Estado centralizado se entrelazaban con los desafíos de la modernización, ligados a la crisis del modelo agroexportador brasileño en el contexto más amplio de la crisis del capitalismo mundial y del Estado liberal, percibido como inadecuado para gobernar las transformaciones en curso.

---

67. Sobre este aspecto, FAUSTO, B. *O pensamento nacionalista autoritário (1920-1940)*, cit.

Esta galaxia de derecha se presentó en el «plural»:

- el nacional-autoritarismo *científicista*, heredero de la tradición positivista brasileña;
- la derecha católica;
- la derecha fascista, representada por el integralismo, que según un juicio consolidado sería el movimiento ideológico y político más cercano al fascismo europeo[68].

Examinaremos las derechas en sus líneas esenciales.

El pensamiento de la corriente autoritaria *científicista* fundamenta su diagnóstico de la sociedad en un positivismo ecléctico en el que la teoría spenceriana, base del evolucionismo social darwiniano, se une al organicismo social de Comte; el método de los primeros estudios sobre la familia de la escuela sociológica de Le Play se entrelaza con el racismo biológico de Lapouge y la demografía racial de Gobineau; la teoría de las multitudes de Le Bon y la teoría de las élites de Mosca y Pareto se suman a la psicología y la psicoanálisis.

Aunque con matices debidos a las biografías ideológico-políticas individuales de sus principales exponentes (Oliveira Vianna, F. Campos, A. Amaral), la corriente nacional-autoritaria comparte la idea fundamental de que Brasil no está preparado para un régimen liberal-democrático al estilo anglosajón, incluso debido a su pasado como país colonizado, y necesita un Estado nacionalista autoritario, considerado como la única solución racional y orgánica a la realidad económica, política y social del país.

Sobre la base de estos elementos, se puede estar de acuerdo con la tesis de que la transición del Estado liberal al Estado autoritario no fue simplemente una asimilación brasileña de un modelo estatal que estaba en el centro de la reflexión europea de la posguerra, sino que asumió una configuración ideológica específica porque se basó en una reapropiación de la historia nacional reinterpretada empíricamente a la luz de las nuevas ciencias que se habían ido afirmando en Brasil en las últimas décadas, desde la antroposociología hasta la psicofisiología, pasando por la psicología y la sociología.

Como se ha observado acertadamente, el diagnóstico de la realidad brasileña y los remedios normativos propuestos por la corriente autoritaria constituyeron el núcleo de una nueva «ideología del Estado», como una respuesta necesaria y específica al problema de la organización del poder frente a la decadencia del liberalismo, en el marco más amplio de la crisis internacional de la posguerra.

Los puntos principales de esta ideología son: la supremacía del Estado sobre el mercado; la creencia de matriz organicista y positivista que presupone una correlación unívoca entre la realidad y las instituciones jurídicas y

---

68. Se reenvía a los estudios ya citados de H. Trindade; J. Parente, J. F. Bertonha, L. Pereira Gonçalves e O. Caldeira Neto.

políticas; una visión paternalista y autoritaria del conflicto social, según la cual el Estado debe ser el centro regulador de las dinámicas conflictivas que surgen inevitablemente en la sociedad civil como efecto de la modernización; la incorporación autoritaria de las masas en el Estado; la confianza en las élites; la visión del Estado como un «Leviatán benevolente»[69].

En general, la importancia del «nacional-autoritarismo» radica en la capacidad de conceptualizar la ideología del Estado como un sistema orientado a la legitimación de la autoridad estatal en sus múltiples funciones de organización, control y protección de la sociedad.

El segundo de los tres grandes hilos de la derecha autoritaria brasileña está constituido por el grupo católico de la revista *A Ordem*. En sus orígenes se encuentra el despertar del espiritualismo como respuesta conservadora y reaccionaria a la marginación de la Iglesia de la vida política, sancionada por la separación entre Estado e Iglesia (1890), al naturalismo y al positivismo dominantes en la cultura brasileña de la segunda mitad del siglo XIX, a la secularización y modernización que atraviesan la sociedad de la posguerra, al liberalismo burgués y al comunismo. Su arsenal ideológico-político se basa en el pensamiento contrarrevolucionario francés (De Maistre y De Bonald), el concepto de orden católico como único orden positivo de Donoso Cortés y la condena de la modernidad expuesta en las encíclicas papales de Gregorio XVI, Pío IX, León XIII, Pío X, Benedicto XV y Pío XI. Las directrices de la reacción católica están trazadas en la carta pastoral (1916) del arzobispo metropolitano de Recife, Dom Sebastião Leme. En el documento se invita a las masas católicas a movilizarse en la vida política bajo el control de las jerarquías eclesiásticas, bajo los principios de orden, autoridad y contrarrevolución, condensados en la visión orgánica de la nación católica, consagrada por la afirmación «todo por la patria, nada sin Dios».

A los llamamientos a la participación política de masas de los católicos responden el Centro Dom Vital y la revista *A Ordem*, que se caracteriza por un discurso ideológico de abierta reacción al liberalismo, al socialismo y a la revolución. Y en esta perspectiva se explica el particular interés por la experiencia del fascismo italiano, sin adherirse abiertamente. Mussolini y el fascismo son vistos como restauradores del orden en una sociedad dominada por la anarquía del liberalismo y el socialismo y al mismo tiempo como defensores de un nacionalismo orgánico de base social. De ahí la compatibilidad entre catolicismo, fascismo y el régimen de Vargas, unidos en la lucha común contra el liberalismo y el comunismo.

La tercera corriente de la derecha es el integralismo. También se relaciona en ciertos aspectos con la participación de las masas católicas en la vida política brasileña, aunque no se explica exclusivamente como una conse-

---

69. LAMOUNIER, B. *Formação de um pensamento político autoritário*, cit.; PIVA, L. G. *Ladrilhadores e semeadores*, Editora 34, São Paulo, 2000; FAUSTO, B. *O pensamento Nacionalista autoritário*, cit.; SILVA, R. *A ideologia do Estado autoritário no Brasil*, cit.

cuencia de ese fenómeno, y representa el primer gran movimiento político de masas en Brasil, llegando a contar con un número de afiliados que oscila entre 600,000 y un millón en 1936, en el apogeo de su ascenso (fig. 1).

Aunque el proyecto integralista maduró a finales de la década de 1920 y principios de la de 1930, sus raíces se remontan a la década anterior, cuando su fundador, P. Salgado, aún en medio de su fase literaria, comenzó a combinar el análisis sociológico de la sociedad brasileña con el nacionalismo radical y la tradición católica. Se sientan las bases para el nacimiento de la doctrina integralista en la segunda mitad de la década de 1920.

El integralismo pretende crear una nueva conciencia nacional modelada en el redescubrimiento de las raíces nacionales, para formar una nueva raza mestiza, fusión de las tres principales etnias de Brasil desde su nacimiento (el indígena, el negro y el portugués).

[FOTO] 1. Una parada del movimiento integralista.

Marcha integralista

Fonte: Acervo AIB/PRP-Delfos/PUCRS.

A pesar de la hostilidad hacia la imitación de modelos extranjeros, el encuentro de Salgado con el fascismo italiano y con el integralismo lusitano a principios de los años treinta constituye un paso decisivo para enmarcar el nacimiento de la *Ação Integralista Brasileira/AIB* (Acción Integralista Brasileña). De ello resulta una síntesis original, que recupera lo mejor del pensamiento «nacional-autoritario» brasileño, el corporativismo fascista italiano, el concepto de «renacimiento tradicionalista» de raíz católica y monárquica del integralismo portugués, y el antisemitismo nazi. En 1932, Salgado publica el manifiesto de la AIB, cuya ideología se basa en una visión jerárquica de la sociedad expresada en el eslogan «Dios, Patria, Familia», estructurada sobre la integración totalitaria de los tres núcleos-base naturales, según los dictados del espiritualismo católico[70]. En el pensamiento de Salgado y de los teóricos que colaboraron en la redacción del manifiesto —entre los que destacan los juristas Miguel Reale (1910-2006) y Gustavo Barroso (1888-1959), representante de la corriente antisemita— el individuo se realiza integralmente en la familia, en el sindicato, mediante el cual, movido por la necesidad «natural» de trabajar, reivindica sus derechos contra los excesos del capitalismo, y en las estructuras políticas locales (los municipios), que constituyen la base física para la organización de los grupos naturales.

Fuerte de una estructura paramilitar capilar, a imagen de la milicia fascista, el integralismo se inspiraba en el fascismo también en la simbología. Los militantes llevaban camisas verdes. También el saludo era fascista, con el brazo extendido y la mano abierta. El símbolo del movimiento era un sigma que representaba la suma de los valores integralistas.

Articulado en torno a la figura del líder integralista, asistido por un núcleo central nacional y por organizaciones locales, el movimiento de Salgado desempeñó un importante papel estratégico en la lucha contra el comunismo, que culminó en la dictadura de 1937. Bajo la amenaza de la revolución, guiada por L. C. Prestes con el apoyo de la Unión Soviética, Vargas y sus colaboradores utilizaron los servicios secretos del movimiento integralista para elaborar el fantasmagórico «Plan Cohen», que «documentaba» el peligro de un golpe guiado por el comunismo judío internacional.

Los dos estereotipos del anticomunismo y del antisemitismo fueron así utilizados para justificar el apoyo a una dictadura autoritaria capaz de salvar a la nación del «enemigo externo». Consolidado finalmente el *Estado Novo*, Vargas decretó la disolución de todos los partidos, poniendo fuera de la ley también al AIB de Salgado, que se transformó en una asociación cultural.

Aunque caracterizadas por un abanico de posiciones moduladas en diferentes articulaciones teóricas y políticas (el autoritarismo como expresión de los intereses de las clases dominantes o como respuesta elitista al «pueblo amorfo»; la movilización católico-integralista de las masas), las tres corrientes de la derecha brasileña entre la segunda mitad de los años veinte y los años treinta se encontraban, por tanto, en el terreno común de la visión «normativa» del Estado autoritario como única manera de corregir las deformaciones de largo plazo de Brasil. La «ideología del Estado autoritario», lejos de ser una simple copia del fascismo europeo, se alimentaba —como se ha visto— desde principios del siglo XX de una original síntesis entre el pensa-

---

70.   Trindade, H. *Integralismo*, cit., pág.208 y ss.

miento conservador brasileño del siglo XIX y un bagaje de ideas «protofascistas» que circulaban desde hacía tiempo en Brasil: desde el autoritarismo al corporativismo, del antiliberalismo al antisocialismo, hasta el centralismo y el nacionalismo.

Ahora es necesario ver cómo el autoritarismo brasileño absorbió el modelo de Estado fascista italiano, y en particular su propuesta de «tercera vía» corporativa entre el liberalismo y el socialismo, para adaptarla a la construcción del Estado nacional y a la modernización en curso.

II

EL TRIUNFO DEL FASCISMO Y DEL CORPORATIVISMO EN LA *ERA VARGAS*

1. La «Revolución de 1930» como palingenesia de la nación brasileña

Reflexionar sobre la circulación transnacional y transatlántica del fascismo y del corporativismo en Brasil entre las dos Guerras Mundiales significa, en primer lugar, decir qué es la *Era Vargas*, cuyas raíces tienen, sin duda, a Getúlio Dornelles Vargas, el líder de la «Revolución de 1930», quien con su carisma y su proyecto *nacionaldesenvolimentista* ha caracterizado indeleblemente la entrada de Brasil en la modernidad del siglo XX.

Sin embargo, antes de discutir los principales nudos históricos e historiográficos de la *Era Vargas*, es necesario proporcionar algunas informaciones sobre su biografía política.

Nacido en São Borja (Rio Grande do Sul) en 1882, Vargas, tras graduarse en derecho en la Facultad de Derecho de Porto Alegre (1907), sigue la carrera política afiliándose al Partido Republicano Rio Grandense, del cual pronto se convierte en un líder. De formación positivista —el *castilhismo*, según él, lo acompaña a lo largo de toda su carrera política— es elegido diputado estatal y diputado federal, entre 1923 y 1926, y posteriormente asume el cargo de ministro de finanzas del gobierno presidido por Washington Luís (1926-1927), abogado, historiador y político destacado del Partido Republicano Paulista. Elegido gobernador de Rio Grande do Sul (1927-1930), Vargas en 1929 se postula para la presidencia de la República, con el apoyo de la *Aliança Liberal* (Alianza Liberal), una amplia y heterogénea coalición respaldada por partidos y jóvenes políticos reformistas provenientes en su mayoría de los estados de Minas Gerais y Rio Grande do Sul, que se oponen al presidente W. Luís. Derrotado, Vargas lidera el movimiento revolucionario de 1930 (fig. 2).

[FOTO] 2. Getulio Vargas.

No hay duda de que la «Revolución de 1930» es el punto de partida de la *Era Vargas*, sin embargo, no hay acuerdo sobre cuál puede ser su punto de llegada —si se puede hablar de un punto de llegada—, dado que aún hoy el proceso de modernización varguista de los años treinta es la base del Estado brasileño.

En algunas periodizaciones clásicas, el final de la *Era Vargas* se hace coincidir con el fin del *Estado Novo*, en 1945. En tal caso, se pone énfasis en la asociación entre el régimen de Vargas, la derrota del nazifascismo en la Segunda Guerra Mundial y el fortalecimiento de las relaciones políticas entre Brasil y EE. UU. durante la «Guerra Fría».

En otras, en cambio, la *Era Vargas* se extiende hasta el suicidio del líder político en 1954, destacando así el vínculo simbiótico entre Vargas y la historia de Brasil en la primera mitad del siglo XX[71].

Las teorías del populismo asocian la *Era Vargas* al ciclo *nacionaldesenvolvimentista*, iniciado con la «Revolución de 1930» y terminado con el golpe militar y la dictadura (1964-1985).

Sin embargo, en las últimas décadas se han formulado nuevas propuestas de periodización. En el discurso de inauguración de su primer mandato como presidente de Brasil, Fernando Henrique Cardoso, sociólogo y líder del Partido Social Democrático Brasileño (PSDB), sostuvo que la *Era Vargas* llega hasta los primeros años noventa del siglo XX, dado que su modelo de desarrollo, centrado en el nacionalismo económico y en el encuadre corporativo de la clase trabajadora, no solo es recuperado por la dictadura, sino que también permanece en la transición a la democracia entre finales de los años ochenta y principios de los noventa, a pesar de la apertura de Brasil a la economía de mercado. Se trata, añadía Cardoso, de una era que debía cerrarse, para abrir la nueva fase de las reformas (neo)liberales. En realidad, ni F. H. Cardoso[72] ni su sucesor Lula[73] han puesto fin a la *Era Vargas,* ya que, en el campo de los derechos laborales, la *Consolidação das Leis trabalhistas*/CLT sigue siendo la carta fundamental, el principio de la unicidad sindical sigue vigente, mientras que hay que esperar al gobierno provisional de Temer para tener la abolición de la contribución sindical obligatoria[74].

Además, ante el desmantelamiento de los derechos sociales y laborales durante los gobiernos neoliberales de Temer y Bolsonaro[75], el «*Partido*

---

71. Para una amplia revisión de las teorías, *A Era Vargas (1930-1945)*, I-II, coordinadores M.A. Vannucchi, L.A. de Abreu, EdiPUCSR, Porto Alegre, 2021; *The Brazilian Revolution of 1930. The Legacy of Getúlio Vargas Revisited*, coordinadores M. A. Vannucchi, L.A. de Abreu, Sussex Academic Press, Brighton, 2021; Fraga, A. B., Lago, M. C., Mourelle, T. «Interpretações sobre a Revolução de 1930: História e historiografia», en *Antíteses*, núm. 29, 2022/15, págs. 220-249.

72. Presidente de Brasil durante dos mandatos consecutivos, de 1995 a 1998 y de 1999 a 2002. Atualmente no tercero mandado (2023-2026).

73. Luiz Inácio Lula da Silva (1945). Exsindicalista, miembro fundador y presidente honorario del Partido dos Trabalhadores (PT). Actualmente, se encuentra en su tercer mandato como presidente de Brasil (los dos primeros mandatos consecutivos fueron 2003-2006 y 2007-2010). Tras haber pasado entre 2018 y 2019 un año y medio en prisión por una condena penal por delitos financieros, a la luz de los cargos que le imputa el juez Sergio Moro en el marco de la operación judicial *'Lava Jato'*, fue entonces puesto en libertad bajo fianza por decisión del Supremo Tribunal Federal (STF) de Brasil, que en 2021 anuló los cargos contra el expresidente, haciéndolo elegible de nuevo.

74. Gobierno interino encabezado por el vicepresidente Michel Temer tras el *impeachment* de la presidenta Dilma Rousseff en 2016 y hasta 2018. En 2023, el Supremo Tribunal Federal brasileño decidió que la contribución sindical pode establecerse mediante convenio o acuerdo colectivo, siempre que se garantice el derecho del trabajador a oponerse.

75. Jair Bolsonaro (1955). Ex militar, luego emprendió una carrera política, siendo elegido

dos Trabalhadores»/PT ha reafirmado la importancia de defender la CLT, que durante casi 70 años había protegido a la clase trabajadora brasileña. La paradoja es que un partido de izquierda, progresista y democrático, ha defendido un conjunto de derechos creados por un régimen, cuyo modelo corporativo de Estado se inspiraba claramente en la Carta del Trabajo.

Junto a las cuestiones de periodización, el otro problema central, planteado por una nueva generación de historiadores y sociólogos, es el análisis profundo de las diferentes épocas que componen la Era Vargas. Enfrentándose a la evaluación del impacto general de la Era Vargas en la historia del Brasil contemporáneo, la nueva historiografía expresa la necesidad de liberarse del paradigma «intencionalista», polarizado en torno a la figura de Vargas, o de lecturas demasiado «teleológicas» de la «Revolución de 1930» —condicionadas por la memoria de sus protagonistas—, según las cuales en los eventos «revolucionarios» ya estaría inscrita la matriz autoritaria, si no fascista, del Estado Novo, punto de llegada de todo el proceso revolucionario.

De la complejidad de tales estudios, emerge que cada una de las épocas que componen la Era Vargas tiene un papel importante, ya sea analizada individualmente o en relación con las otras épocas, en el marco más amplio del proyecto modernizador de Vargas.

La vía autoritaria al nacional desarrollismo viene así presentada como un proceso gradual, no exento de conflictos y laceraciones internas, caracterizado no solo por éxitos y cambios de frente en la estrategia de alianzas, sino también por derrotas claras de Vargas y sus colaboradores en los lazos con los militares, los empresarios, los trabajadores y los opositores políticos.

Poseemos en este punto las principales coordenadas histórico-analíticas y teórico-metodológicas para abordar la Era Vargas como un nudo interpretativo abierto.

En primer lugar, la necesidad de interpretar la «Revolución de 1930», y por lo tanto de proporcionar también una periodización, se desarrolla contemporáneamente al proceso revolucionario, y no podría ser de otra manera. Se trata de la amplia memorialística de sus principales protagonistas.

Por un lado, hay una nueva generación de políticos e intelectuales que se alinean abiertamente a su lado, contribuyendo a convertirlo en el mito fundador del Estado brasileño.

Por otro lado, entre los primeros años treinta y la fundación del Estado Novo, sus enemigos provienen de la burguesía y del mundo empresarial de São Paulo. Insatisfechos con el centralismo varguista, desatan la guerra civil de 1932. Y será necesaria la intervención del ejército nacional para calmar su descontento.

---

diputado a la Cámara de Diputados, de 1991 a 2018. Miembro del Partido Social Liberal (PSL), con tendencias neoliberales en economía y costumbres sociales conservadoras, fue presidente de Brasil de 2019 a 2022.

La burguesía paulista ha perdido su «revolución», sin embargo, no se pierde el mensaje de la guerra entre el gobierno central y São Paulo, dado que Vargas se ve obligado a convocar la Asamblea Constituyente (1933) para crear el pacto fundacional del Estado varguista, el cual entre 1935 y 1937, se enfrenta a dos nuevos enemigos. El primero es la amenaza «revolucionaria»[76] que conducirá al estado de emergencia y a la proclamación del *Estado Novo* (1937-1945), el segundo es la amenaza integralista que en un primer momento es aliada de Vargas en la lucha contra el enemigo común —el comunismo—, para luego convertirse en su enemiga hasta la disolución del movimiento.

El *Estado Novo* inaugura la fase de la dictadura, desde 1937 hasta el final de la Segunda Guerra Mundial. La guerra es otra etapa fundamental. Vargas se desvincula de la alianza con el *nazifascismo* para aliarse con los Estados Unidos, enviando un contingente brasileño a Europa. Y finalmente, man-teniéndonos en el ámbito de las periodizaciones clásicas, la transición a la democracia, que ve a Vargas, bajo el control de los militares, regresar a la política como presidente en 1950 y gobernar hasta 1954, año de su suicidio.

En resumen, la *Era Vargas*, en su conjunto, proyecta a Brasil en la moder-nidad del siglo XX. Y Vargas mantiene su centralidad en todas las fases, des-empeñando también un papel de dirección y de guía del movimiento políti-co-social surgido de la «Revolución de 1930».

Amplio es, por tanto, el abanico de los temas a debatir. Para los fines de nuestro análisis, destacamos cuatro.

- ¿Estaba ya inscrita la vía autoritaria en la «Revolución de 1930»? ¿O la época del gobierno provisional crea un campo abierto de posibilida-des de modelos estatales, desde el liberalismo hasta el autoritarismo, e incluso al socialismo y al comunismo?

- ¿Las teorías del populismo poseen validez epistemológica en el aná-lisis de la *Era Vargas*, o se limitan solo a describir algunos rasgos del funcionalismo del sistema?

- ¿Cómo fue posible desvincular el corporativismo de su estructura fas-cista totalitaria italiana?

- ¿Cuál es el lugar de la *Era Vargas* en la época del fascismo entre las dos guerras mundiales?

Para responder a tales cuestiones, es necesario, en primera instancia, repasar esencialmente los momentos principales de la «Revolución de 1930». Esta representó el punto de confluencia de las profundas transformaciones de la Primera República y al mismo tiempo el laboratorio de las respuestas modernizadoras a un complejo de problemas que iban desde la crisis econó-mica del sistema agroexportador hasta la crisis política del modelo oligárqui-

---

76.   La palabra «*Intentona*», que puede traducirse como «plan insensato», se utilizó para sub-rayar la insensatez del acto revolucionario.

co-liberal de la Primera República, pasando por la llamada «cuestión social», centrada en el conflicto capital-trabajo. La derrota en las elecciones de 1930 convenció a sectores de la clase política provenientes sobre todo de los Estados de Rio Grande do Sul y Minas Gerais, y del Nordeste, a aliarse con los *Tenentes* (sobre todo el ala derecha del *Tenentismo*), con el objetivo común de poner fin con las armas a la «Vieja República»[77].

El movimiento de 1930 expresa el descontento por la victoria del candidato al gobierno, J. Prestes, en las elecciones de marzo de ese año. Prestes había derrotado la candidatura de Vargas, apoyada por la *Aliança Liberal*. Así comienza la densa trama político-militar de los opositores políticos y militares de Prestes y de las oligarquías que lo apoyaban en el plan de derrocar al gobierno de W. Luís.

Son, en extrema síntesis, las etapas que conducen a la «Revolución de 1930» en los principales centros urbanos de Brasil. A principios de octubre, bajo la dirección política de Vargas y la dirección militar del teniente coronel Góes Monteiro[78], los «revolucionarios», a pesar de tener divergencias sobre los futuros desenlaces del movimiento, conquistaron los principales estados del país, con excepción de São Paulo, Río de Janeiro, Bahía y Pará, que aún estaban controlados por el gobierno federal. El poder pasó del presidente electo W. Luís a Vargas. La «Revolución de 1930» es también expresión de un renovamiento de la clase política. No solo el carismático líder Vargas, sino también otros exponentes políticos de los movimientos regionales que alimentan el impulso revolucionario. Baste pensar en Oswaldo Aranha, Lindolfo Collor, Virgílio de Melo Franco y Francisco Campos.

En las intenciones del movimiento político de 1930, el cambio debía comenzar desde las bases jurídicas y políticas del Estado liberal-federalista. El punto de convergencia con los principales exponentes del *Tenentismo* (Juárez Távora, João Alberto y Miguel Costa) era el programa de reformas sociales bajo la guía de un Estado centralizador. Sin embargo, la alianza se presentaba bastante dividida sobre las directrices de la «Revolución», dada también la participación de sectores de las viejas oligarquías, que vislumbraban en la adhesión al cambio revolucionario la posibilidad de ocupar cargos estratégicos en el futuro gobierno. Es el caso de Artur Bernardes, Afrânio de Melo Franco y João Pessoa.

A principios de noviembre de 1930 se cerraba la experiencia de la Primera República. Era el inicio del nuevo curso revolucionario, liderado por Vargas. Desde la instauración del régimen provisional, el movimiento político de 1930

---

77. Para una visión de conjunto, FERREIRA, M., SÀ PINTO, S. «A crise dos anos 1920 e a Revolução de 1930», en *O Brasil republicano*, cit., vol. 1, págs. 387-433.

78. Pedro Góes Monteiro, general del ejército y político brasileño. Admirador del fascismo italiano y exponente del ala nazi dentro del *Estado Novo*, del que fue jefe de Estado Mayor de 1937 a 1943.

pretende legitimar la ruptura con la «Vieja República» liberal, creando el mito fundacional del *Estado Nuevo* surgido de la «Revolución de 1930», con el apoyo de las fuerzas armadas, al lado del pueblo, en nombre de la solidaridad nacional.

No es que antes de la «Revolución de 1930» estuvieran ausentes las leyes sociales. Sin embargo, la asociación simbiótica de los derechos sociales a la imagen de Vargas se debe sin duda a la imponente obra de construcción de la legislación laboral, entre 1930 y 1945, cuya implementación estaba garantizada por las inspecciones del Ministerio del Trabajo, de la Industria y del Comercio, y por la CLT. Era el triunfo de la intervención del Estado en la economía y en la sociedad, bajo el signo de la centralización política, del nacionalismo y del autoritarismo (fig. 3).

[FOTO] 3. La Revolución de 1930.

En el discurso de inauguración de los trabajos de la Asamblea Constituyente, Vargas reivindica el distanciamiento total de la constitución de 1891 y de la República, gobernada por idealistas sin un proyecto concreto de Estado, acusados de haber descuidado la organización de la nación en todos sus aspectos, sobre todo el económico-social. Se trata de los pilares argumentativos sobre los cuales se construye a lo largo de la *Era Vargas* la propaganda ideológica oficial de la «Revolución» como palingenesia de la nación, asociada en simbiosis con su líder, envuelto en un aura de sacralización política —Vargas el «padre de los pobres y de los trabajadores»—.

De acuerdo con una visión de la historia que une determinismo y evolucionismo, bajo el impulso también de su formación positivista, la novedad de la «Revolución de 1930» consiste, a juicio de Vargas, en ser un movimiento general, de opinión, amplio y profundo, compuesto por varias corrientes (desde la derecha hasta la extrema izquierda), y por lo tanto «revolucionario», en cuanto es capaz de movilizar, por primera vez en la historia de Brasil, a toda la nación, indicándole un horizonte salvador, después de siglos de dominio oligárquico, corrupción y esclavitud.

Por lo tanto, 1930 es para Vargas un parteaguas en la historia de Brasil. Había existido un Brasil pre-revolucionario y un Brasil surgido del movimiento de 1930, del cual el gobierno provisional se hacía depositario.

Bajo la presión del pueblo, insatisfecho con los canales representativos político-electorales tradicionales del Estado liberal, y en busca de una nueva representación social, la «Revolución de 1930» se presenta como una verdadera insurrección nacional. Por lo tanto, el movimiento político-social de 1930 puede legítimamente reivindicar ante el mundo su carácter «revolucionario», el cual, como en la Revolución bolchevique, se garantiza sobre todo por la alianza entre las fuerzas armadas y el pueblo, en nombre de la solidaridad nacional. Sin embargo, en abierto contraste con los totalitarismos de izquierda y de derecha, se descarta desde el asentamiento del gobierno provisional la hipótesis del partido único, ya que el movimiento de 1930 pretendía representar a la nación en su totalidad.

A partir del análisis de los *Anales de la Constituyente*[79] y de la propaganda varguista de la época, nos parece poder decir que la teoría de la «Revolución de 1930», construida por Vargas y sus apologistas, como acto fundacional de un nuevo Estado-nación brasileño, en abierta ruptura con su pasado, es consensuada no solo entre sus partidarios (clases medias, *tenentes*, grupos políticos del Centro y del Sur de Brasil), sino incluso entre aquellos que en los ambientes de la oposición —clases empresariales de São Paulo, la escuela jurídica liberal, el área socialista progresista— reconocían al movimiento «revolucionario» un proyecto de cambio radical, inevitable y necesario, tanto bajo el perfil económico-política ya sea desde el perfil social.

Incluso la historiografía más atenta sobre la *Era Vargas* ha permanecido durante mucho tiempo atrapada en el «mito de la Revolución de 1930» como única respuesta posible a la decadencia de la «Vieja República». Es el caso de las teorías del populismo. Entre los años cincuenta y sesenta, ante la necesidad científica y política de interpretar «en caliente» el *nacionaldesenvolvimentismo* de la *Era Vargas*, los sociólogos Octavio Ianni y Francisco Weffort[80]

---

79. «Mensagem do Chefe do Governo Provisório», en *Anais da Constituinte*, I, 1933, Imprensa Nacional, Rio de Janeiro,1935, págs. 45-56.

80. IANNI, O. *O colapso do populismo no Brasil*, Civilização Brasileira, Rio de Janeiro, 1968; WEFFORT, F. *O populismo na política brasileira*, Paz e Terra, Rio de Janeiro, 1978. Para una

reflexionan principalmente sobre el vínculo entre la «Revolución de 1930» y el pueblo desde la perspectiva del populismo, utilizado como categoría científica en el análisis socio-político del ciclo 1930-1964.

En sus estudios, ambos están dispuestos a incorporar la teoría pre-sociológica de los apologistas de Vargas, según la cual el Estado varguista ha creado al pueblo-nación brasileño. Sin embargo, consideran que es necesario elaborar análisis más científicos de la sociedad brasileña, con el fin de resaltar aún mejor la especificidad del proyecto de Estado nacional brasileño, no asimilable en términos generales al europeo, marcado por la llegada de los regímenes totalitarios y autoritarios de masas entre las dos guerras mundiales.

A pesar del esfuerzo teórico de Ianni y Weffort[81], el populismo habría permanecido al margen de las ciencias sociales brasileñas sin la contribución de Gino Germani. Los estudios del sociólogo italo-argentino brindan a los dos sociólogos brasileños la oportunidad de legitimar sobre bases sólidas la teoría del *nacionaldesenvolvimentismo* populista, varguista.

Germani, como atento observador que era del totalitarismo fascista y del peronismo argentino, llega a la conclusión de que el análisis comparativo entre las sociedades europeas y las de América Latina no solo debe destacar los rasgos comunes a ambas áreas —en esta perspectiva, Europa mediterránea tiene un vínculo evidente con los países latinoamericanos—, sino sobre todo las vías nacionales específicas al desarrollo o al *desenvolvimiento*.

La sociología científica de Germani[82] es también el estudio de la participación de las masas en la vida nacional. La comparación entre fascismo y peronismo lleva al sociólogo a reconocer, por un lado, la novedad de la movilización permanente totalitaria de las masas en el *nazifascismo*, pero por otro a admitir la imposibilidad de reproducir en las sociedades latinoamericanas el partido-estado totalitario que absorbe la esfera de lo privado en lo público, dado que el peronismo y el varguismo se limitan a incorporar en el Estado a la clase trabajadora, para el análisis de la cual, Germani se apropia del concepto de «revolución pasiva» de Gramsci.

Los estudios pioneros de Germani suscitan el interés de las ciencias sociales y del historiador italiano del fascismo Renzo De Felice, enfrentándose a

revisión de los estudios sobre el populismo brasileño, *O populismo e sua história: debate e crítica*, coordinador J. Ferreira, Civilização Brasileira, Río de Janeiro, 2001, págs. 17-59; CASTRO GOMES, Â. «O Populismo no Brasil: desafios de um debate historiográfico», en *Estudos Ibero-Americanos*, núm. 1, 2022/48, págs. 1-9.

81.   GENTILE, F. «Dal "popolo amorfo" a Jair Bolsonaro. Il populismo nelle scienze sociali brasiliane», en *Politics. Rivista di Studi Politici*, núm. 14, 2020/2, págs. 85-101; *Idem*, «I populismi in America Latina: il caso brasiliano tra teoria e pratica», en *La democrazia dei populisti tra Europa e Americhe*, coordinatores M. Bresciani, G. Schwarz, Viella, Roma, 2021, págs. 77-94.

82.   Véase, por lo menos, GERMANI, G. *Authoritarianism, Fascism, and National Populism*, Transaction Books, New Brunswick/NJ, 1978.

la cuestión central de por qué los países latinoamericanos eligieron el nacio-nal-populismo autoritario como la vía más adecuada para pensar la entrada inevitable y necesaria de las sociedades latinoamericanas en la modernidad del siglo XX.

En tal perspectiva, la industrialización de Brasil se revelaba un caso de estudio muy significativo, dado que se había llevado a cabo a través de una etapa autoritaria, logrando conciliar todas las principales teorías del desa-rrollo nacional: no solo la corriente autoritaria, sino también las corrientes que se ubicaban en el campo progresista-democrático, sino incluso en el marxismo, en el estructuralismo y en la teoría de la dependencia[83].

De hecho, si los teóricos brasileños del autoritarismo habían sostenido que el proceso de construcción del Estado nacional solo podía realizarse a tra-vés del estado autoritario, indicado como la «tercera vía» entre el *New Deal* keynesiano y los totalitarismos de derecha e izquierda, basándose en el argu-mento de que el liberalismo era incompatible con la estructura socio-política brasileña, incluso un sociólogo del calibre de Sergio Buarque de Holanda[84], aunque militando en el área del socialismo democrático, estaba dispuesto a dialogar con el pensamiento autoritario.

En su clásico *Raízes do Brasil*, propone la categoría de la «cordialidade» brasileña. En resumen, según el estudioso, el hombre brasileño, nacido y criado en las estructuras clanico-parentales del latifundio, no es compati-ble con los regímenes políticos de las sociedades europeas modernas. La sociedad individualista liberal, la sociedad de clases o la sociedad de masas, ambas dominadas por el totalitarismo de izquierda o de derecha, no son los modelos a seguir en el proyecto de creación de la nación brasileña, aún mar-cada por su reciente pasado rural y esclavista.

Finalmente, invitando a las ciencias sociales a estudiar las «raíces» de Bra-sil para comprender cuáles son las categorías más adecuadas para la moder-nización del país, Buarque de Holanda subraya, en la línea del determinismo de A. Amaral y de los teóricos del «nacional-autoritarismo», que el autorita-rismo es un complejo secular de valores, normas y representaciones que han marcado la historia de las instituciones —en particular el Estado— de Amé-rica Latina. Y añade que varias etapas fundamentales de la construcción de las naciones latinoamericanas, incluido Brasil, habían sido guiadas por lide-razgos populistas y autoritarios.

En el camino abierto por Buarque de Holanda y Germani, O. Ianni presenta las características del nacionalpopulismo brasileño. Según Ianni, la «Revolu-ción» varguista de 1930 abre el terreno a la era de la democracia populista en

---

83. Por ejemplo, SAES, D. *Classe média e sistema político no Brasil*, T. A. Queiroz, São Paulo, 1985; BOITO JR, A. *O sindicalismo na política brasileira*, Editora da Unicamp, Campinas, 2005.

84. BUARQUE DE HOLANDA, S. *Raízes do Brasil*, José Olympio, Rio de Janeiro, 1936.

Brasil. A su juicio, la *Era Vargas*, aunque autoritaria en el período del *Estado Novo*, había inaugurado la política de las masas, enmarcadas en el modelo económico-social *nacionaldesenvolvimentista* y sindical-corporativo, cuyo desenlace fue la CLT, creando así las bases para el establecimiento de la democracia popular en Brasil. Ianni sostiene que la década que va desde el suicidio de Vargas hasta el golpe de estado militar (1954-1964) se caracteriza por un ciclo económico, que rompe con el modelo agroexportador clásico, con la importación de tecnología y la dependencia de las inversiones extranjeras. La industrialización, sostenida por un diseño político nacionalpopulista, se convierte en el nudo crucial sobre el que se juegan la suerte de la joven y frágil democracia brasileña, en el marco de la Guerra Fría y del imperialismo norteamericano en América Latina. No le parece, por tanto, paradójico a Ianni que precisamente los grandes cambios introducidos por el populismo nacionalista de la *Era Vargas* —asimilable a un autoritarismo tradicional, a pesar de la incorporación de algunos elementos peculiares del fascismo durante el *Estado Novo*— favorezcan la creación de un modelo de Brasil más democrático. Desarrollando las teorías de Ianni, el científico social F. Weffort elabora uno de los modelos más sofisticados de populismo brasileño[85].

Para Weffort, la era del nacionalpopulismo brasileño se caracteriza por la entrada de las clases populares en la vida nacional, en el contexto de las transformaciones económicas, políticas y sociales provocadas por los primeros procesos de modernización entre la segunda mitad del siglo XIX y el primer siglo XX.

La presión de las clases populares se ejerció tanto en el ámbito de las estructuras del Estado —ampliando así la participación popular en la política, sobre todo en el campo de los derechos sociales— como en el ámbito económico, con el acceso de sectores populares a profesiones y bienes de consumo de los cuales habían sido tradicionalmente excluidos.

El nacionalpopulismo sería, por tanto, la política de inclusión de las clases populares en un modelo de desarrollo inevitable y necesariamente industrial, bajo el control paternalista de un líder carismático (Vargas, «padre de los pobres y de los trabajadores»), apoyado por una alianza político-social nacionalista, que se opone a las élites liberales consideradas corruptas, incapaces de crear el Estado-nación brasileño, además de estar al servicio de las oligarquías de los latifundistas agrarios, acusados de querer mantener a Brasil en su condición de país «periférico» y dependiente.

Las teorías clásicas del populismo tienen una fuerte influencia en la interpretación de la *Revolución de 1930* por lo menos hasta los años setenta, cuando se registra un esfuerzo por liberar el evento fundacional de la *Era Vargas* de las lecturas impregnadas de determinismo en las que había terminado.

---

85. WEFFORT, F. *O populismo na política brasileira*, cit.

Es el caso de las obras, aún fundamentales, de los científicos sociales Boris Fausto[86] y Angela de Castro Gomes[87].

Si *A Revolução de 1930: História e historiografia* de Fausto, publicada a inicios de los años setenta, resiente del rígido clima de censura de la dictadura militar, ya *A invenção do Trabalhismo*, de Castro Gomes, se publica en el contexto de la transición lenta y gradual hacia la democracia, también bajo el impulso del «nuevo sindicalismo» y del renacimiento de los movimientos sociales de la segunda mitad de los años setenta.

En conjunto, el mérito de ambos es haber pensado la «Revolución de 1930» como un campo abierto de posibilidades. Según Fausto, el golpe de estado «revolucionario» reunía una heterogénea coalición *(Aliança Liberal)* de segmentos políticos y sociales diferentes, unidos por el repudio de la constitución liberal de 1891 y de la Primera República en su conjunto, pero divididos sobre las perspectivas a dar a la «Revolución»: los jóvenes cuadros dirigentes del Sur (Vargas, Osvaldo Aranha, Lindolfo Collor, solo por citar algunos de los más importantes), formados a la sombra de las viejas oligarquías, y todos admiradores del fascismo sostenían un amplio programa de reformas del sistema político; los *Tenentes* luchaban por un Estado centralizado y por un programa de reformas sociales; los sectores medios ligados al Partido democrático de São Paulo, pedían el control del gobierno local y un programa liberal.

En un contexto semejante, de fragmentación política y social, el apoyo del ejército se reveló determinante para coagular en torno a la revolución el «nuevo» representado por los sectores urbanos emergentes, con el apoyo de segmentos limitados de las clases populares, y el «viejo» representado por los tradicionales sectores agroexportadores, que aún eran el centro propulsor de la economía brasileña.

El examen de los *Actos de la Constituyente*[88] corrobora la tesis de Fausto.

En las intenciones de los constituyentes, la Asamblea estaba, de hecho, llamada a organizar la vida nacional en su totalidad, elaborando un preproyecto de representación de todos los segmentos sociales y profesionales, concebido por las mejores mentes del derecho brasileño, inspiradas por los principios de la democracia liberal, del socialismo, del catolicismo, e incluso del comunismo y del fascismo, pero sobre todo por la tecnocracia, garantizada por la numerosa presencia de los *tenientes* y de los militares en la Asamblea.

Vargas y los teóricos de la «Revolución» creían que el «Nuevo Estado» debía mantenerse abierto a todos los posibles escenarios económicos, políticos y sociales: gobernar por un lado la crisis de la producción agrícola, incrementar por otro lado el comercio y la industria, garantizando los intereses de

---

86. Fausto, B. *A Revolução de 1930: História e historiografia*, Brasiliense, São Paulo, 1970.

87. Castro Gomes, Â. *A invenção do Trabalhismo*, Vértice, São Paulo, 1988.

88. *Anais da Constituinte*, II, 1933, Imprensa Nacional, Rio de Janeiro, 1935, pág. 310.

la burguesía urbana en ascenso, sin relegar la «cuestión social» a una simple «cuestión de policía», como había sucedido durante la «Vieja República». De aquí la obligación de crear un conjunto de leyes específicas en materia de protección del trabajo y de organización de las clases trabajadoras, tradicionalmente poco protegidas.

También en la obra de A. de Castro Gomes se registra un esfuerzo por abordar nudos aún abiertos de la *Era Vargas*. *A invenção do Trabalhismo* es uno de los frutos más interesantes de la nueva generación de sociólogos brasileños que entre los años setenta y ochenta se enfrentan a la crisis de los paradigmas estructuralistas y funcionalistas de los años cincuenta y con el renovamiento interno del marxismo, contando sobre todo con la amplia circulación de los estudios del historiador E. P. Thompson sobre la clase trabajadora inglesa[89].

El objetivo es abrir un diálogo interdisciplinario entre sociología, ciencias políticas e historia, a la luz de las nuevas fuentes documentales disponibles, leídas en la perspectiva de las recientes teorías sobre el movimiento sindical y obrero internacional.

La estudiosa examina la «ruptura» operada por la «Revolución de 1930» en la historia brasileña, repensada en función de un nuevo modelo interpretativo de la clase trabajadora brasileña.

Si el marxismo brasileño siempre había presentado a las clases trabajadoras como subalternas en todas las fases de la historia, al menos desde la Independencia, dada la ausencia de una revolución burguesa que debería haber conducido dialécticamente a la revolución del proletariado, Gomes rechazaba este modelo consolidado y presentaba, en la intersección de teorías diferentes, a una clase trabajadora como sujeto activo de la historia brasileña.

La dificultad consistía en el esfuerzo por leer el populismo desde una nueva perspectiva. A las teorías clásicas que asociaban sin más el populismo a la manipulación mediática y a la incorporación autoritaria en el Estado de las masas fascinadas por las virtudes carismáticas del líder Vargas, Gomes contrapone una nueva teoría, más dinámica, del populismo.

Según la historiadora, los trabajadores dialogaron con el Estado autoritario varguista e incluso condicionaron sus estrategias políticas. En esencia, el nacionaldesarrollismo, lejos de ser el producto de una cooptación, se presentaba como un «campo abierto de posibilidades», en el que el Estado, la élite política, la burguesía industrial y las clases trabajadoras negociaban una nueva forma de representación, teniendo como objetivo común el despegue industrial de Brasil. La categoría elaborada por Angela Castro Gomes es el *Trabalhismo*[90].

---

89.   THOMPSON, E. P. *The Making of the English Working Class*, Victor Gollancz, London, 1963.

90.   CASTRO GOMES, Â. *O populismo e as ciências sociais no Brasil*, cit.

La ideología del *Trabalhismo,* argumenta Gomes, se basaba en la construcción de un individuo-ciudadano definido a partir de la categoría de *trabalhador* (trabajador) brasileño y en tanto tal beneficiario de un complejo de derechos sociales concedidos por el Estado. Se enmarcaba en la hábil política del compromiso entre los diversos intereses económicos, políticos y sociales, dado que Vargas era consciente de que no se podía solo reprimir a la clase obrera. Se trata de un nuevo pacto construido entre el Estado y las clases productivas a partir de la fundación del *Estado Novo,* en 1937. El significado más profundo del *Trabalhismo* se debe buscar en las relaciones entre el Estado y las clases trabajadoras antes, durante y después de la *Era Vargas.* Del examen cuidadoso de esa larga y compleja época de la historia brasileña, la estudiosa llega a la conclusión de que la relación entre el Estado y el mundo del trabajo está llena de conflictos, derrotas y conquistas por ambas partes y, por lo tanto, no puede reducirse al populismo de la cooptación pasiva de las clases populares en el Estado, como había sostenido Weffort. Es una de las posibles lecturas del populismo brasileño y de la «Revolución de 1930». Si por un lado la obra de Gomes ha tenido el mérito de llevar el debate, que llevaba tiempo estancado, hacia una nueva reflexión sobre la entrada de Brasil en la modernidad, por otro lado, presenta dos problemas fundamentales.

El primer problema es que la estudiosa relee la historia brasileña desde una perspectiva exclusivamente nacional. No toma en consideración, salvo de manera marginal, que la «Era Vargas», aunque más cercana a un régimen autoritario tradicional, se caracteriza por una fuerte influencia del modelo del Estado fascista y corporativista italiano.

Estamos de acuerdo con A. Gomes cuando sostiene que el *Trabalhismo* pretende recuperar la constitución positivista de Rio Grande do Sul promulgada por Castilhos, ya que fue la primera, anticipando el Estado corporativo fascista, en contemplar el punto de vista social, polarizado en torno al elemento central de la familia, y la incorporación del proletariado en la sociedad moderna. Así como, es necesario reconocer —es importante reafirmarlo— que la opción del partido único fue descartada por Vargas desde la creación de la *Aliança Liberal,* dado que la «Revolución de 1930» era un movimiento, no un partido, concebido para expresar la nación en su totalidad y organicidad.

Sin embargo, a la luz de la experiencia fascista italiana, también es necesario reconocer que la solución elegida desde la redacción del manifiesto programático de la *Aliança Liberal* fue la corporativa, como lo reconoció abiertamente el mismo Vargas en la víspera de la revolución: «Mi línea en el gobierno de Rio Grande del Sur se asemeja al derecho corporativo o a la organización de las clases promovida por el fascismo, en el período de renovación creativa que Italia atraviesa»[91].Y de hecho, el corporativismo fascista se adaptaba

---

91.   Vargas, G. *A Nova política do Brasil,* I-XI, José Olympio Editor, Rio de Janeiro, 1938, vol. 2, pág.150.

perfectamente a su visión positivista y *castilhista* del individuo totalmente absorbido en el colectivo organizado.

A lo largo de las líneas guía dictadas por Vargas, los arquitectos de la «Revolución de 1930» se apropiaban de los ejes del Estado corporativo fascista, moldeados en armonía con un modelo de representación profesional, que debía colocar en el parlamento elementos capaces de superponer los intereses generales del «Estado Nacional del Trabajo» («la nación es su trabajo»), como representantes de los «Productores de la Nación», a los intereses particulares de los grupos individuales[92]. Se trataba, en resumen, de una apropiación del corporativismo fascista, desenganchado del rígido control del partido-estado totalitario.

El segundo problema, corolario lógico del primero, es que el *trabalhismo* se asocia de manera directa a la última fase del *Estado Novo*, en los primeros años cuarenta, cuando Vargas, ayudado por el ministro del trabajo Alexandre Marcondes Filho, inicia la estrategia de acercamiento a la clase trabajadora con la intención de sentar las bases de la transición a la democracia, en el marco de la elección de campo de Brasil de aliarse con los EE. UU. durante la Segunda Guerra Mundial. Como consecuencia, se produce la reducción, sino incluso la exclusión, de los rasgos más abiertamente totalitarios del *Estado Novo*, tales como la ideología oficial del régimen, el terror, la tortura, la censura, la propaganda, el control de los medios de información y la policía secreta. En este punto, el *Estado Novo*, disociado del fascismo, puede ser presentado como el momento de inicio de un pacto construido bajo la égida de Vargas «padre del *nacionaldesenvolvimentismo*», abriendo así el camino al revisionismo de los últimos treinta años.

El hilo conductor de la historiografía revisionista sobre la «Era Vargas» es la absorción del «Vargas dictador, amigo del fascismo», apoyado por los sectores *nazifascistas* de las fuerzas armadas brasileñas, en el «Vargas populista», amado por los trabajadores brasileños, en virtud de la concesión de un robusto código de derechos sociales.

A las tendencias revisionistas se ha opuesto en las últimas décadas una historiografía sensible a comprender la complejidad de la *Era Vargas*, con el intento de deconstruir su «mito fundacional», cuya influencia ha condicionado todas las interpretaciones desde la caída del *Estado Novo* hasta hoy.

Sobre la base de nuevas lecturas y documentos inéditos, han surgido algunos aspectos importantes desatendidos por las lecturas clásicas de la «Revolución de 1930», tales como el carácter heterogéneo y conflictivo de las fuerzas políticas y económicas que componen la alianza varguista, con atención específica también a los protagonistas individuales, algunos

---

92. «Anteprojeto da Lei de sindicalização e Representação Política das Classes», en *Anais da Constituinte*, III, 1933, Imprensa Nacional, Rio de Janeiro, 1935, págs. 350-370.

mecanismos poco estudiados del funcionamiento del sistema, el consenso de la sociedad civil y el contexto internacional.

Entre los productos más interesantes de tal perspectiva teórica y metodológica, destaca la corriente sensible a hacer la «contra historia de los vencidos» de 1930, es decir de quienes que, sobre todo en el ámbito de la clase obrera y de las organizaciones sindicales de corte anarquista, fueron reprimidos por las fuerzas militares y los aparatos policiales, con el apoyo de la burguesía, de las élites latifundistas y de las clases medias urbanas que se identificaron con el proyecto varguista, sostenido por un impotente aparato propagandístico[93].

2. Los *Fasci Italiani all'Estero*: un instrumento de difusión de la cultura y de la ideología fascista

En los últimos años, la historiografía, tanto en el campo de los estudios italianos como en el de los estudios brasileños, ha contribuido de manera significativa a reconstruir la amplia circulación del fascismo en Brasil entre las dos guerras mundiales. Uno de los principales objetivos es poner de relieve la gran admiración por el fascismo italiano de Vargas y de muchos de sus principales colaboradores ya en las fases de organización del movimiento revolucionario de 1930 y hasta la creación del *Estado Novo*.

La base de la amplia difusión de la cultura y la ideología fascista en Brasil se debe a varios factores. En primer lugar, el fascismo intentó ofrecer asistencia a los emigrantes italianos y a sus descendientes en América Latina (Brasil y Argentina en particular), en el marco de la construcción de un nuevo modelo de patria con el cual identificarse.

Dada la presencia de una gran colonia italiana en el centro-sur de Brasil desde los años setenta del 1800, Sâo Paulo fue considerada estratégica para la difusión de la propaganda fascista entre los italianos en el extranjero.

Por lo tanto, hemos centrado nuestro interés en la formación del *Fascio Italiano* de Sâo Paulo como vehículo de circulación de las ideas fascistas entre la segunda mitad de los años veinte y los años treinta.

En febrero de 1923, el italiano Emidio Rocchetti fundó el local *fascio* «Filippo Corridoni» (no por casualidad el padre fundador del *sindicalismo nacional italiano*). Y posteriormente, entre 1925 y 1929, bajo el control directo de la red consular en la gran metrópoli brasileña, se crearon nuevas secciones dotadas de oficinas, dirigentes y medios de propaganda, así como algunos círculos de *dopolavoro* coordinados por el Partido Nacional Fascista de Sâo Paulo. El cónsul Serafino Mazzolini y sus colaboradores llevaban a cabo tareas de inteligencia con el fin de informar a Roma sobre posibles núcleos

---

93.   CAPELATO, M. H. *Multidões em cena: propaganda política no varguismo e no peronismo*, UNESP, São Paulo, 2009.

antifascistas, además de participar en las festividades y eventos culturales. En los años treinta, bajo la dirección del Secretario Federal, Lugarteniente Renato Bifano, el *fascio* «Filippo Corridoni» se encargaba de realizar la propaganda del PNF y de organizar y asistir a la comunidad italiana de Sâo Paulo, de acuerdo con lo previsto en el Estatuto de los *Fasci Italiani* en el extranjero:

(art. 1) Los fasci en el extranjero son la organización de los italianos residentes en el extranjero, que han elegido, conforme a su vida privada y civil, la obediencia al Duce y a la ley del fascismo y que pretenden agrupar en torno al signo del Littorio las colonias de italianos que viven en país extranjero;

(art. 3) Los fascistas en el extranjero deben ser respetuosos con las leyes del país que los acoge, deben dar un ejemplo diario de este respeto a las leyes y dar, si es necesario, tal ejemplo a los mismos ciudadanos;

(art. 4) Respetar a los representantes de Italia en el extranjero y obedecer sus directrices e instrucciones;

(art. 18) Defender la italianidad en el pasado y en el presente; ser ciudadanos italianos; organizar en su seno la juventud italiana del littorio en el extranjero.

En 1938, el Fascio «Filippo Corridoni» contaba con 3000 afiliados, y 2300 afiliados a la «Juventud italiana del littorio en el extranjero», para un total de 5300 afiliados. Entre las secciones más activas destacaban el Braz, con 280 socios, con una «Fuerza fascista femenina» de 44 afiliadas, Ipiranga y Bela Vista, mientras que la Opera Nacional Dopolavoro (OND) y la Legión Obrera del Littorio «se dedicaban a difundir el fascismo entre los obreros, la clase media y la pequeña burguesía»[94].

Los periódicos y revistas italianos ya existentes —entre los cuales el más importante y longevo fue *Il Fanfulla*, de propiedad del gobierno italiano desde 1934 en adelante[95]— eran de orientación nacionalista y fascista. A lo largo de los años, se fundaron nuevos periódicos y revistas, escritas en italiano, pero con abundancia también de palabras portuguesas, cuyo objetivo principal era acercar a los italianos de Sâo Paulo a momentos y protagonistas de la historia y la cultura nacional, incluida la reciente, revisitados bajo el prisma de la propaganda fascista. También las sociedades culturales, deportivas, recreativas y las escuelas italianas, operando durante décadas, formaron parte del proyecto de expansión de la cultura fascista en el Estado de Sâo Paulo.

La embajada italiana tenía la tarea de recaudar fondos a través de banquetes y eventos sociales para alimentar la máquina propagandística y garantizar el mantenimiento del *fascio* «Filippo Corridoni». Tampoco se puede pasar por alto observar que en la segunda mitad de los años treinta la organización de

---

94. Alameda Barão de Limeria (barrio de Santa Cecilia), «Relatório do secretário do *Fascio* de "Ipiranga" (ano 1938)», en AESP/DOPS, pr. 27804, *Fascio de Sâo Paulo*.

95. El nombre fue dado en honor del condottiero Fanfulla de Lodi. Véase Trento, A. «Italia en guerra: la comunidad inmigrante y los Fanfulla de Sâo Paulo durante el primer conflicto mundial», en *Escritos. Revista da Fundação Casa de Rui Barbosa*, núm. 9, 2015, XI, págs. 97-124.

campañas periódicas de financiación, confiadas sobre todo a la OND, había creado incluso un impacto económico no despreciable, dado que empleaba a los miembros de las diversas sociedades y organizaciones italianas.

El segundo factor que sustenta el proyecto de exportar el fascismo a América Latina está relacionado con la intención de Mussolini y de las jerarquías fascistas de crear una internacional fascista, extendida también a las poblaciones de los países «hermanos» latinoamericanos, para involucrarlas en el proyecto de reapropiación fascista de los conceptos de «latinidad», «romanidad» e «italianidad».

Como también atestiguan las autoridades brasileñas de la época, los «Fasci Italiani» habían sido creados para hacer circular las ideas fascistas entre los italianos en Brasil, en el diseño más amplio de «difundir la ideología fascista en la comunidad brasileña»[96].

El fascismo tenía un plan para la «Revolución Fascista» en Brasil y en América Latina. Entre las principales estrategias estaba el apoyo al movimiento integralista de P. Salgado. El plan está documentado en un largo informe, de 1938, elaborado por el agente fascista Cesare Rivelli, expulsado del país por ser un espía italiano en Brasil. Escribe el agente Rivelli:

> Un Brasil integralista, obediente a la voluntad de Roma, constituiría un magnífico punto de partida para la hegemonía italiana en esta parte del continente, además de representar un vasto mercado facilitado por nuestra producción agrícola, industrial e intelectual. No se puede afirmar, a priori, que el apoyo italiano llevaría seguramente el integralismo a la meta deseada, es decir, la conquista del poder. Es necesario esperar, para permanecer en el terreno de la realidad, también la eventualidad en la que, a pesar de nuestra ayuda, el movimiento no logre aplastar las resistencias opuestas y alcanzar su objetivo principal. Las consecuencias de nuestra intervención, por lo tanto, podrían ser muy graves. No solo habríamos gastado un esfuerzo notable en nombre de una quimera, sino que también habríamos comprometido, y quizás irremediablemente, todas las conquistas alcanzadas en medio siglo de silenciosa y tenaz penetración: porque, sin duda, los opositores del integralismo poseen todas las armas legales adecuadas para hacernos pagar, a caro precio, nuestra desafortunada injerencia en la política interna del país [...]. Como último recurso, finalmente, sería oportuno utilizar un número limitado de agentes secretos, bajo las órdenes de un jefe que goce de plena confianza en la autoridad italiana, y que sea el único responsable de sus subordinados. La misión de tales agentes debería consistir en la propaganda (silenciosa) entre los compatriotas de ideas integralistas, y en un trabajo constante e intenso de convicción directa para atraer adherentes al movimiento[97].

---

96. «Informe sobre el fascismo. Plan de acción de la organización», São Paulo, noviembre de 1941, en AESP/DOPS, pr. 27804, *Fascio* de São Paulo.

97. «Relatório sobre o fascismo. Organização plano de ação, São Paulo, novembro de 1941», AESP/DOPS, pr. 27804, *Fascio* de São Paulo.

Es sabido que el proyecto integralista fue desactivado por Vargas y el movimiento disuelto, creando obvio malestar entre las autoridades italianas. No obstante, el fascismo continuó exaltando el *Estado Novo*. Basta pensar que fue el mismo Mussolini quien escribió a Vargas sobre las afinidades espirituales entre los dos pueblos, aprovechando la inauguración del primer vuelo transatlántico entre Italia y Brasil[98].Y Vargas, por su parte, se mostraba dispuesto a reforzar la amistad entre los dos pueblos[99], amplificada también por la propaganda oficial del gobierno (fig. 5)[100].

El tercer factor, el más interesante para los fines de nuestro estudio, está relacionado con la propuesta fascista del estado corporativo como «tercera vía» alternativa al liberalismo y al socialismo, observada con gran interés por los países latinoamericanos que estaban de rodillas debido a la crisis internacional del capitalismo en 1929.

En el caso específico brasileño, la circulación del corporativismo de matriz fascista fue amplia durante la *Era Vargas*, incluso cuando el dictador brasileño, aunque tentado por las sirenas del *nazifascismo*, decidió abandonar la neutralidad de Brasil para aliarse con los Estados Unidos en la Segunda Guerra Mundial.

Ahora debemos detenernos en estos temas.

[FOTOS] 5-6. Intercambio de cartas entre Mussolini y Vargas (20 de diciembre de 1939). Fuente: Archivo Nacional, Río de Janeiro.

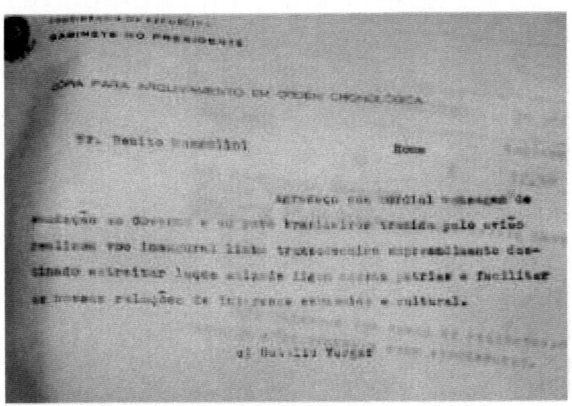

---

98. Archivos Nacionales / Rio de Janeiro, Gabinete Civil de la Presidencia de la República, «Correspondencia entre jefes de Estado, ministros y representantes extranjeros», Lata 170. 20 de diciembre de 1939. Carta di Mussolini a Vargas.

99. Archivos Nacionales /Rio de Janeiro, Gabinete Civil de la Presidencia de la República, «Correspondencia entre jefes de Estado, ministros e representantes extranjeros». Lata 170.

100. Sen data. Telegrama di Vargas a Mussolini. Quiero dar las gracias al historiador Thiago Mourelle por darme a conocer el documento y permitir su publicación. *Cfr*. MOURELLE, T. «Correspondencia oficial no Gobierno Vargas», en http://querepublicaeessa.an.gov.br/temas/419-correspondencia-oficial-no-governo-vargas.html

P. R.

IL DUCE DEL FASCISMO
CAPO DEL GOVERNO

Roma, li 20 Dicembre 1939-XVIII

Signor Presidente,

In occasione del primo volo della linea
transatlantica italiana che assicura il collega-
mento aereo fra l'Italia e il Brasile sono parti-
colarmente lieto di far pervenire a Vostra Eccellenza e al Popolo brasiliano il mio cordiale sa-
luto augurale.

Sono certo che l'iniziativa che avvicina
nello spazio i nostri due Paesi, li accosterà piu'
e meglio anche nello spirito.

E' con questi intendimenti che la linea
transatlantica italiana è stata voluta e sarà,
nonostante le difficoltà dell'impresa, portata
oggi felicemente a compimento.

Vi prego i miei saluti cordiali

A Sua Eccellenza
il Dott. Getulio D. VARGAS
Presidente degli Stati Uniti del Brasile
RIO DE JANEIRO

3. La apropiación de la *Carta del Trabajo* en el Código Laboral brasileño de los años treinta

El debate sobre la influencia o no de la Carta del Trabajo *(Carta del Lavoro)* en la legislación social brasileña entre las dos guerras mundiales comienza poco después de la «Revolución de 1930» y sigue siendo el centro de una amplia controversia, también en virtud del reconocimiento de que el sistema corporativo de los años treinta sigue siendo la estructura de la organización sindical brasileña.

Especialmente el campo de los estudios histórico-jurídicos se encuentra claramente orientado por el enfrentamiento ideológico-político de los años treinta en torno a la estructura que Vargas y sus colaboradores intentaron dar al Estado nuevo, además de la narrativa varguista que sostiene que los derechos sociales en Brasil comienzan con la «Revolución de 1930».

De manera específica, en el derecho del trabajo se asiste, por un lado, al consolidado filón de estudios que, en continuidad con la línea interpretativa de Oliveira Vianna y Arnaldo Sussekind[101], tiende a disociar la CLT del documento italiano sosteniendo la tesis de la originalidad y la novedad de las leyes varguistas en materia de protección del trabajo[102], mientras que, por otro lado, se alinean aquellos que recuperan, aunque con diferencias, la tesis liberal de la legislación brasileña como copia de la Carta del Trabajo[103], fortalecida por la opinión autorizada de quienes fueron protagonistas en primera persona de la construcción del estado corporativo de Vargas, del cual luego se alejaron debido a la clara impronta fascista del régimen. Es el caso de Evaristo de Moraes Filho, jurista, de formación socialista. Entre los principales ideadores de las leyes sociales de la época, en el paso de la dictadura a la democracia, él afirma «a calientito», no sin tonos polémicos, que «en definitiva, nuestra legislación es simplemente una copia de la Carta del trabajo de Mussolini»[104].

En resumen, ambos enfoques parecen aceptar o rechazar, pero lejos de verificarlo, la tesis de la CLT como transcripción literal de la Carta del Trabajo.

Si luego enfocamos el interés en el debate histórico-político, también se registra en este caso una dificultad para salir del estancamiento —copia o elaboración original—, dado que la historiografía más atenta sobre el tema se limita a reconocer la matriz fascista de las leyes sociales, sin embargo, sin

---

101. Arnaldo Sussekind fue abogado, político y miembro de la comisión creada por Vargas para redactar la CLT, junto con José de Segadas Viana, Oscar Saraiva, Luiz Augusto Rego Monteiro y Dorval Lacerda Marcondes.

102. Biavaschi, M. *O direito do trabalho no Brasil (1930-1942): a construção do sujeito de direitos trabalhistas*, LTR, São Paulo, 2007.

103. Romita, A. *O fascismo no direito do trabalho brasileiro. Influência da Carta del lavoro sobre a legislação brasileira*, LTr, São Paulo, 2001.

104. *Correio da Manhã*, 19 abril 1945.

reconstruir la compleja circulación-compartición transnacional y transatlántica de ideas, en el contexto de la cual ocurrió la asimilación del modelo de Alfredo Rocco[105].

Teniendo presentes los puntos problemáticos abiertos, pretendemos seguir un recorrido metodológico y conceptual diferente, que pone en el centro del debate el problema de la influencia del modelo fascista corporativo italiano en el paso de la teoría del Estado autoritario de los años veinte a su práctica en los años treinta, dado que es uno de los temas centrales del debate ideológico-político brasileño entre las dos guerras.

A la sombra de la Europa de la primera posguerra —en busca de nuevas estructuras estatales para enfrentar la crisis del liberalismo y la complejidad de la cuestión social producida por la industrialización—, Vargas pretendía, por tanto, construir un modelo de Estado capaz de gobernar las transformaciones y los conflictos inevitablemente producidos por el paso de la sociedad agrícola a la moderna sociedad industrial.

En el plano económico, las características fundamentales de la vía brasileña al corporativismo de matriz autoritaria fueron la centralización, la intervención en todos los sectores de la producción nacional y la creación de entidades para la explotación de algunas fuentes fundamentales de riqueza para el país. Después de la crisis de 1929, uno de los principales objetivos era la recuperación de la libertad económica. A tal fin, el Estado compró los stocks de café en exceso y creó el Banco Central de Brasil como motor del nuevo sistema bancario.

En el plano político-social, el Estado surgido de la «Revolución de 1930» pretendía recuperar su papel natural de organización y control de lo «social», incorporando también al sindicato pensado como el instrumento más eficaz para afrontar la hipertrofia individualista, así como para enmarcar y disciplinar las masas, después de un largo período en el que había sido reducido a mero espectador del enfrentamiento de clases entre empleadores y trabajadores asalariados.

Siguiendo la vía maestra trazada por la Ley Rocco de 1926, a la pura represión de la clase trabajadora y de sus organizaciones político-sindicales, como ocurría en la «Vieja República», el régimen varguista añadió un modelo inclusivo de incorporación autoritaria de la «cuestión social» en el Estado. En sus líneas teóricas generales, el corporativismo, desvinculado de su matriz fascista totalitaria, era reelaborado en armonía con el proyecto de «prevenir» el enfrentamiento de clases producido por el *nacional desarrollismo* industrialista.

Vargas era consciente de que modernizar Brasil significaba en primer lugar hacer una catalogación autoritaria de lo «social» basada en una inclusión gradual por «categoría» y en un complejo aparato legislativo, capaz

---

105. *Cf.* WERNEK VIANNA, L. *Liberalismo e sindicato no Brasil*, Paz e Terra, Rio de Janeiro, 1976.

de contemplar la pluralidad de intereses, grupos y clases que componían la sociedad y de los cuales los sindicatos por motivos históricos representaban un poderoso instrumento de organización colectiva[106]. En esta perspectiva, los primeros actos del gobierno provisional fueron la creación del Ministerio del Trabajo, Industria y Comercio hacia finales de 1930 —sofisticada máquina que contaba con la colaboración «técnica» de las mejores mentes del derecho brasileño—, la creación del Departamento Nacional del Trabajo, y el reconocimiento jurídico, por parte del Ministerio del Trabajo, de las asociaciones sindicales patronales y obreras enmarcadas en el Estado nacional[107].

Mientras los técnicos del gobierno de Vargas reelaboraban los pilares del corporativismo italiano en una nueva forma jurídica, el mismo dictador exponía las directrices de la ideología *trabalhista*, pilar central de su política social. Inspirándose en el concepto de trabajo como deber social del individuo enmarcado en el Estado nacional, enunciado en el segundo principio de la Carta del Trabajo, así como en el concepto de «Productores de la Nación», Vargas aclaraba que la observación empírica de la falta de organización en las relaciones entre capital y trabajo, abandonadas al caos y a la anarquía liberal durante la República, obligaba al nuevo Estado a regular y disciplinar sus relaciones como elementos dinámicos, asociados en esta nueva fase por la común pertenencia al «fenómeno de la producción»[108].

La ideología del corporativismo encontraba luego su mejor sistematización teórica en *Problemas de Política Objetiva* de Oliveira Vianna, publicado justo en la víspera de la «Revolución de 1930»[109]. En esta obra —verdadero punto de inflexión entre la producción de los años veinte y la de los años treinta— el mayor teórico de la vía brasileña hacia el Estado corporativo se refería al *Sentimento dello Stato* (1929) de Sergio Pannunzio.

Los conceptos clave en torno a los cuales gira la obra del filósofo del derecho corporativo italiano son el sindicalismo nacional, el nacionalismo social y el Estado Nacional del Trabajo, nacidos de la intersección entre la teoría orgánica de la sociedad de Durkheim (La división del trabajo social), el sindicalismo integral de Sorel y la valorización del concepto de trabajo en todas sus articulaciones, en total contraposición a la visión marxista clásica del trabajo de fábrica.

La modernidad del fascismo, identificada por Pannunzio en la fusión de nacionalismo y sindicalismo, alimenta aún más en el pensamiento de Oliveira

---

106. Tulio, C. «O sindicado célula do Brasil novo», en *Revista do Trabalho*, núm. 2, 1933,

107. *Cf.* Decreto lei 19.667, 02/1931; Decreto lei 19.770, 03/1931.

108. Vargas, G. *As diretrizes da nova política do Brasil*, José Olympio, Rio de Janeiro, 1943, p.117.

109. Oliveira Vianna, F.J. *Problemas de política objetiva*, Companhia Editora Nacional, São Paulo, 1930.

Vianna la convicción expuesta desde los primeros ensayos de los años veinte de que la cuestión social brasileña debe resolverse a través de los modelos más modernos y avanzados de organización de las relaciones estado-sociedad, tales como el sindicalismo nacional y el nacionalismo social.

Consciente de que la estructura social de Brasil está cambiando bajo el impulso de la modernización de los años veinte, asimila del teórico italiano del Estado sindical-corporativo el concepto de organización nacional, sobre el cual construye, durante su actividad como consultor del Ministerio del Trabajo en los años treinta, el Estado corporativo, pensado para resolver la crisis del Estado liberal, carente —a su juicio— de un proyecto político para gobernar las nuevas categorías sociales, a las cuales no lograba siquiera garantizar una pacífica coexistencia.

Finalmente, correspondió al ministro del trabajo Lindolfo Collor, otra figura clave de la nueva organización corporativo-sindical del régimen varguista, la delicada tarea de presentar las líneas guía del Ministerio del Trabajo a las diversas categorías productivas del país.

En un conocido discurso en el Rotary Club (diciembre de 1930), Collor adaptaba a la realidad nacional los temas centrales de la Carta del Trabajo, hablando de «interés superior de la nación», «colaboración, solidaridad y armonía entre las clases» en una síntesis tendiente a conciliar los discursos de Alfredo Rocco con el «todo dentro del Estado, nada fuera del Estado, nada contra el Estado» de Mussolini:

> El momento que vivimos es particularmente difícil, tanto para los empleadores como para los trabajadores. Por un lado, la expansión un poco desordenada de nuestras actividades industriales, por otro, las crecientes exigencias de las masas populares crearon un malestar general [...]. Las dificultades de los patrones y el sufrimiento de los obreros deben ser enfrentados en función de la crisis que el país está atravesando. Por lo tanto, todo el esfuerzo brasileño debe tender hacia la grandeza y la felicidad de Brasil [...]. Toda la agitación debe ser denunciada como inútil y antipatriótica en este momento en que el gobierno se esfuerza por garantizar el ejercicio regular del trabajo dentro de nuestro territorio. Es tiempo de sustituir el viejo y negativo concepto de lucha de clases por el nuevo concepto constructivo y orgánico, de colaboración de clase [...]. El capital y el trabajo tienen una función brasileña que realizar, y esta función debe llevarse a cabo dentro de los más estrictos dictámenes de la justicia. La regulación jurídica de las relaciones capital-trabajo seguirá, por lo tanto, en nuestro país, el concepto fundamental de la colaboración de clase. No hay ninguna clase, proletaria o capitalista, que pueda pretender que sus intereses tengan un valor superior al de la comunidad social. Brasil primero que nada, luego los intereses de clase[110].

---

110.   Sacado de *Origens da legislação trabalhista brasileira. Exposições de motivos de Lindolfo Collor*, Fundação Do Couto e Silva, Porto Alegre, 1990, págs. 185-189.

Sin embargo, a las proclamas de Collor no siguió una masiva adhesión de los sindicatos y de las organizaciones patronales al nuevo sistema corporativo. Basta pensar que, entre 1931 y 1932, fueron reconocidos apenas 8 sindicatos de empleadores y 155 sindicatos de trabajadores[111]. La debilidad del gobierno provisional entre las clases trabajadoras se explicaba sobre todo a causa del masivo empleo de los aparatos militares y represivos en defensa de la «Revolución de 1930», amenazada por el ataque de las oligarquías paulistas en 1932.

4. Fascismo y corporativismo vistos desde la Asamblea Constituyente (1933-1934)

No todos estaban, de hecho, satisfechos con la nueva representación corporativa que Vargas pretendía dar a los «Productores de la Nación».

Se trataba de los sectores conservadores del Partido Republicano de Sâo Paulo, pero también de los sectores progresistas del Partido Democrático, que no se sentían adecuadamente representados en el nuevo gobierno. Por otro lado, uno de los objetivos de la «Revolución de 1930» había sido precisamente golpear al Estado de Sâo Paulo, el principal centro de las oligarquías políticas y económicas de Brasil.

Pronto, el descontento que ardía bajo las cenizas de un equilibrio precario se transformó en oposición armada contra el gobierno central, acusado de reflejar la personalización que Vargas había querido dar al «Estado nuevo» surgido del movimiento de 1930.

Más allá de su real fuerza, el ejército constitucionalista de 1932 era la expresión de los sectores más dinámicos de la economía y de la sociedad paulista. Sostenido por el PD, además de por grupos constitucionalistas de otros Estados del Centro-Sur, el movimiento mantenía un fuerte poder de negociación con el gobierno provisional, dado que Sâo Paulo continuaba siendo la locomotora económica de Brasil, aún más en un contexto de crisis económica mundial y de caída del precio del café en el mercado internacional.

En el plano político, la fuerza de las oligarquías paulistas, aunque derrotadas en el plano militar por las tropas gubernamentales, se traducía en la demanda de una Asamblea Nacional Constituyente, encargada de redactar una nueva constitución, a imagen de la Carta de 1891, preludio de la consagración de Vargas como nuevo presidente de Brasil después de la fase provisional.

También en el lado de los aliados de la «Revolución de 1930», la guerra civil de 1932 fue la ocasión para reivindicar algunos puntos que habían sido desatendidos por el gobierno central. Presionado por los *tenentes*, que ocupaban cargos gubernamentales neurálgicos, Vargas se vio obligado a convocar una

---

111. *Do corporativismo ao neoliberalismo. Estado e trabalhadores no Brasil e na Inglaterra*, coordinadora A. Araujo, Boitempo, Sâo Paulo, 2002, págs. 42 e 54.

asamblea constituyente para legitimar la «Revolución de 1930» y el sistema corporativo del «Estado nuevo».

Después de elegir mantener la forma republicana y federalista, el gobierno inició la reorganización política de la nación, autorizando la creación de nuevos partidos, preparando la reforma electoral —condición necesaria para la creación de la asamblea constituyente— y elaborando un pre-proyecto de reforma sindical, que se sometería a los trabajos de la Constituyente (fig. 7), centrado en el concepto de *representação clasista* (representación de clase)[112], tema central de todo el proceso constitucional, cuya esencia más profunda se capta en las palabras del propio Vargas: «Un proceso de colaboración entre los elementos más representativos de todas las categorías socio-profesionales, cuyo objetivo era proporcionar a la Asamblea Constituyente un borrador de proyecto sobre el cual construir el nuevo Estado-Nación brasileño»[113].

**[FOTO] 7. La Asamblea Constituyente 1933-1934.
Fuente: Archivo Nacional, Río de Janeiro.**

---

112. Castro Gomes, A. «A representação de classe na constituinte de 1934», en *Revista de ciência política*, núm. 3, 1978/21, págs. 53-115. También Borba Barreto, A. «Representação das associações profissionais no Brasil: O debate dos anos 30», en *Revista de Sociologia Política*, núm. 22, 2004, págs.119-133; Cepeda, V. «Contexto político e crìtica à democracia liberal: a proposta de representação classista na Constituinte de 1934», en *Perspectivas*, núm. 35, 2009, pág.211-242; Lamera, R. «A contribuição da Assembleia Nacional Constituinte de 1933 para o Brasil: da Revolução de 1930 à Constituição de 1934», en *Caderno CEDEC*, núm. 1, 2011, págs. 1-31; Viscardi, C. «A representação profissional na Constituição de 1934 e as origens do corporativismo no Brasil», in *A Vaga Corporativa*, cit., págs. 199-222.

113. *Anais da Assembleia Nacional Constituinte 1933/1934*, vol. 1, 1934, Imprensa Nacional, Rio de Janeiro, 1935, pág. 54.

En la misma dirección que Vargas iba la propuesta del Club 3 de Octubre[114], organización política fundada en 1931 por algunos exponentes destacados del *Tenentismo*, entre los que se distinguieron Stenio Caio de Albuquerque Lima, Augusto de Amaral Peixoto, Waldemar Falção y Abelardo Marinho de Andrade, redactores de un programa que pretendía armonizar la formación de la nación brasileña con los nuevos modelos de organización social y representación profesional, no sin evidentes referencias al corporativismo fascista.

Los puntos centrales eran la defensa nacional y la organización económica bajo el signo de la justicia social, que se confiarían respectivamente a una Cámara de Representación Profesional y Cultural, electiva, a una Secretaría de Organización y Asistencia Social, y a los Consejos Técnicos.

Es necesario, a este punto, analizar qué tipo de Estado corporativo estaba surgiendo de los trabajos de la Asamblea Constituyente, entre 1933 y 1934.

En armonía con el nuevo curso político, económico y social, trazado por la creación del Ministerio del Trabajo y el reordenamiento del sindicato, la Asamblea, bajo el control de los militares colocados en los puestos estratégicos y del ministro de economía Oswaldo Aranha, protagonista destacado de la «Revolución de 1930», simpatizante del fascismo, entre los miembros de la comisión encargada de elaborar el borrador del proyecto constitucional, nació bajo el signo del corporativismo social, llamada como estaba a realizar un del corporativismo social, llamado como estaba a realizar un difícil equilibrio de ingeniería jurídico-constitucional entre la antigua concepción político-representativa liberal, del siglo XIX, la representación federalista de los Estados, la representación partidista y la representación corporativa de las nuevas clases socio-profesionales (empleadores y empleados, profesiones liberales y funcionarios públicos) —o para decirlo con una terminología fascista y corporativa, de los «nuevos intereses organizados»— producidos por la modernización. Se trataba, en pocas palabras, de complementar el «liberalismo utópico «de los notables de la «Vieja República» —considerado por Vargas y por gran parte de la ciencia jurídica brasileña de la época como un modelo no acorde a las condiciones reales del país— con un proyecto «antipolítico» y antipartidista, en el cual el concepto de organización tecnocrática de la esfera social de matriz positivista-comtiana se fusionaba con los principios del corporativismo fascista.

La arquitectura del «Estado Nuevo» de Vargas era además respaldada por la creación de Consejos Técnicos Nacionales, que, aunque no estaban bajo el control del PNF como en el caso italiano, debían ser los centros propulsores de la nueva representación corporativa de los múltiples grupos de interés producidos por la sociedad.

---

114. «Clube 3 de Outubro», em *Anais da Assembleia Nacional Constituinte 1933/1934*, vol. III, 1933, Imprensa Nacional, Rio de Janeiro, 1935, págs. 187 y ss.

La composición político-social y económica de la Asamblea Constituyente reflejaba el intento de armonizar lo «viejo», representado por las oligarquías de los Estados tradicionalmente más fuertes (Sâo Paulo, Minas Gerais, Río Grande del Sur), con lo «nuevo», representado por los elegidos en base sindical nacional (17 representantes de los empleadores, 18 de los trabajadores, 3 de las profesiones libres, 2 de las profesiones públicas), a la luz de la convicción ampliamente compartida por los diversos sectores de que las transformaciones económicas y sociales de la nación eran cuestiones «técnicas». Por lo tanto, dada su especificidad, necesitaban de un personal proveniente del mundo de la producción y del sindicato. Se trataba, sin embargo, de una selección dirigida desde arriba, es decir, por el mismo Ministerio del Trabajo, porque si es cierto que «se garantizaba a cada individuo y a todas las profesiones la libertad de asociación, para la defensa de las condiciones de trabajo y de vida económica» (art. 123 del borrador preparatorio), también era cierto que el reconocimiento del sindicato debía obtener la aprobación jurídica del Ministerio del Trabajo, de conformidad con el decreto 19.970 de 1931 (como dispuso la Comisión de 26 en el seno de la constituyente, y por la misma constitución de 1934). Por tales razones, los representantes de las organizaciones sindicales nacionales solo podían ser elegidos entre aquellas reconocidas por el Estado, al punto de hacer pensar a algunos exponentes del área liberal y de la católica que el dócil encuadramiento del sindicato en el Estado abría el camino al corporativismo fascista[115].

Vargas y sus colaboradores se defendían de la acusación de haber introducido el fascismo en Brasil, argumentando que el desequilibrio económico-social exigía la intervención del Estado-nación, como estaba ocurriendo en todos los países modernos, industrializados, enfrentados al conflicto capital-trabajo. Además, Brasil debía garantizar algunos derechos sociales fundamentales al ser signatario del Tratado de Versalles: regulación de las horas de trabajo, garantía de un salario adecuado, protección de los trabajadores contra acosos y accidentes, protección infantil a adolescentes y mujeres, a ancianos y discapacitados, libertad sindical, organización de la escuela profesional y técnica.

El nuevo gobierno instituía numerosas iniciativas en materia de trabajo: la regulación del trabajo nacional, la organización de clase en los sindicatos profesionales, la jornada laboral de 8 horas, los acuerdos colectivos para integrar empleadores y trabajadores en un régimen perfectamente armónico, las comisiones mixtas de conciliación de los conflictos laborales que abrirían el camino a la creación de la justicia laboral.

Si el siglo XIX había sido el siglo del individualismo liberal, el siglo XX abría la era del Estado social. A juicio de aquellos que sostenían el estado corporativo, se trataba, por tanto, de superar los alineamientos a favor de la dictadura o de la democracia, con el común propósito de encontrar soluciones

---

115.   VIANNA, L.W. *Liberalismo e sindicato no Brasil*, cit., pág. 241.

a la «cuestión social»[116]. En esta perspectiva, la Asamblea Constituyente expresaba un consenso casi unánime sobre la necesidad de una apropiación «ecléctica» de los principios corporativos, desvinculados del fascismo[117].

A los «ingenuos que pensaban en reproducir el fascismo en Brasil» se les recordaba que en Italia el corporativismo estaba rígidamente subordinado al PNF y a su líder Mussolini, mientras que el objetivo de la Asamblea Constituyente era crear una nueva representación profesional, «técnica», y como tal no subordinada al control de los partidos.

A aquellos ponían en evidencia la antinomia entre la representación profesional y la política, se les reafirmaba que no había ningún conflicto entre las dos representaciones, ya que hay tendencias técnico-sociales que inevitablemente cambian el papel del Estado, dado que la nación no se constituye solo de individuos y partidos, sino de otros elementos que forman el edificio social, son los grupos de trabajo y de productores, es una condición impuesta por el sindicalismo triunfante en su vertiente soreliana.

El abanico de posiciones era amplio y no había consenso sobre el reconocimiento de los sindicatos de los empleadores bajo el control del Ministerio de Trabajo, como muestran las intervenciones de las oposiciones liberales, expresión de las oligarquías del café de Sâo Paulo, orientadas a excluir las profesiones liberales del nuevo modelo de organización sindical. Mientras en el lado de los partidarios del proyecto varguista había una numerosa presencia de católicos, liderados por Waldemar Falçâo, que invitaba a armonizar el corporativismo con las raíces «genuinamente católicas del pueblo brasileño», siguiendo las directrices de la *Rerum Novarum* de León XIII. Incluso en el campo del socialismo o del liberalismo, había el ala «corporativista» alineada a favor de las leyes varguistas, asociando de manera directa el sindicalismo al corporativismo sobre la base de una lectura «técnica» jurídica de la representación corporativa de todos los intereses nacionales. A modo de corolario de tal lectura, se argumentaba que el Estado sindical-corporativo debía ser «integral», porque no solo era el punto de llegada de la sindicalización de las masas productivas brasileñas, sino que sobre todo era el punto de partida del proceso de organización nacional del pueblo brasileño, a partir de la educación, según la lección de Alberto Torres.

Finalmente, los Republicanos de Rio Grande do Sul exaltaban la legislación sindical de Vargas, reivindicando su originalidad, ya que, lejos de ser una copia de la Carta del Trabajo, se situaba en continuidad con los principios corporativos y sindicales de la constitución *castilhista* y positivista, considerada una de las primeras en absoluto en responder a la cuestión social[118]:

---

116. *Anais da Assembleia Nacional Constituinte 1933/1934*, vol. 2, 1933, cit., pág. 200.

117. *Anais da Assembleia Nacional Constituinte 1933/1934*, vol. 3, 1933, cit., pág. 28.

118. *Anais da Assembleia Nacional Constituinte 1933/1934*, vol. 2, 1933, Imprensa Nacional, Río de Janeiro, 1935, pág. 496.

Las enmiendas referidas a la parte social reflejan la tendencia anti-individualista de nuestro Partido, que por primera vez en el País ha levantado una generosa bandera de postulados basados en el colectivismo y la cooperación, confiando al Estado la noble tarea de proteger y asistir a las clases productivas y trabajadoras. Es muy cierto, señor presidente, que el gobierno provisional ha inaugurado una política de conquistas en torno a los problemas del capital y del trabajo. La representación de las clases en esta misma Asamblea fue obra espontánea de la Revolución. No es una copia de ningún régimen. Es una institución auténticamente brasileña. Ha resistido la prueba del fuego de quienes, acostumbrados a la práctica de imitar servilmente todo, deprimiendo siempre lo que es nuestro, deseaban su fracaso[119].

Tal creencia fue aún más consolidada en el plano jurídico. Si, de hecho, por un lado, a la organización sindical fascista se le reconocía el mérito de haber realizado «la clasificación más perfecta de las actividades económicas hasta hoy realizada», por otro lado, sin embargo, se afirmaba que en el modelo de organización sindical varguista se habían introducido criterios más «flexibles», de analogía y similitud entre profesiones afines —sobre todo en el campo de las profesiones liberales—, dado que el nuevo Estado surgido de la «Revolución de 1930» debía tener en cuenta una distribución de la riqueza nacional que no era comparable a la de la Italia fascista. De aquí la necesidad de colocar en la misma categoría profesiones similares[120].

En general, la constitución de 1934 ha sido definida como un compromiso entre el liberalismo en crisis de la Vieja República —cuyos reflejos se perciben en los artículos sobre la estructura federal, sobre la elección directa del presidente y sobre el mandato de 4 años— y las nuevas corrientes políticas, sociales y profesionales (los católicos, los juristas, los *Tenentes*, etc.), cuya influencia se sintió en la parte sobre derechos sociales y laborales.

Entre las principales medidas, se recuerdan el salario mínimo, la prohibición del trabajo infantil, la fijación de la jornada a 8 horas, el descanso semanal obligatorio, las vacaciones remuneradas, la indemnización para los trabajadores despedidos sin justa causa, la asistencia médica, la asistencia remunerada a las trabajadoras embarazadas, la prohibición de diferencias salariales tanto para trabajos idénticos como por motivos de edad, sexo, nacionalidad o estado civil, la educación básica obligatoria.

En cambio, en el área de las oposiciones al estado corporativo de Vargas, los empresarios se posicionaban pragmáticamente a favor de la conciliación entre el control autoritario de la clase trabajadora y los principios del individualismo liberal y de la iniciativa privada.

---

119.   *Anais da Assembleia Nacional Constituinte 1933/1934*, vol. 15, 1933, Imprensa Nacional, Rio de Janeiro, 1935, pág. 71.

120.   *Cf. Boletim Eleitoral*, 1932, Ano II, núm. 133, pág. 2720.

Sin embargo, la carta constitucional ya nacía muerta, porque desde su entrada en vigor (junio de 1934), Vargas, elegido presidente legítimo por sufragio directo, se mostró sensible a una revisión de los artículos en materia de atribuciones del presidente, a su parecer bastante reducidas por el equilibrio de poderes diseñado por la constitución.

III

EL ESTADO NOVO EN LA ERA DE LOS FASCISMOS ENTRE LAS DOS GUERRAS MUNDIALES

1. La vía brasileña hacia el Estado autoritario

Pocos meses de regreso a una apariencia de normalidad político-administrativa no fueron suficientes para consolidar el nuevo rumbo trazado por la Asamblea Constituyente.

El interludio constitucional (1935-1937) se abrió con la discusión sobre la elaboración de un procedimiento de seguridad nacional capaz de enfrentar el clima de agitación social radicalizado por la extrema derecha integralista de P. Salgado y por la extrema izquierda de la *Aliança Nacional Libertadora* (Alianza Nacional para la Liberación), creada en marzo de 1935 por el Partido Comunista Brasileño, liderado por L. C. Prestes.

Así se planteaban los presupuestos para justificar el golpe de 1937, último paso del proyecto autoritario iniciado por Vargas en 1930 y realizado con el apoyo de los militares, de amplios sectores del mundo intelectual y de la burguesía urbana.

La ocasión fue proporcionada por la llamada *Intentona* comunista, es decir, por el plan «insensato» que se decía había sido organizado por los comunistas brasileños, apoyados por el Komintern, bajo el control directo de la Unión Soviética, para instalar en Brasil un gobierno popular revolucionario.

Entre 1935 y 1937, el anticomunismo —alimentado por el fantasmagórico «Plan Cohen», basado en un complot judaico-comunista en Brasil, de contornos demoníacos— constituyó el eje ideológico sobre el cual nacionalistas, católicos y liberales solicitaban el estado de emergencia y la militarización de la sociedad civil contra la amenaza de un movimiento revolucionario en Brasil[121]. El golpe de Estado, con la derogación de la constitución de 1934, y la

---

121.   Sobre el anticomunismo brasileño, PATTO SÁ MOTTA, R. *Em guarda contra o perigo vermelho. O anticomunismo no Brasil (1917-1964)*, Eduff, Rio de Janeiro, 2020.

proclamación del *Estado Novo* en noviembre de 1937 representan la fase más abiertamente dictatorial de la *Era Vargas*.

A los efectos de nuestro estudio, es necesario preguntarse preliminarmente qué es el *Estado Novo*[122] y qué papel ocupa en el panorama de los fascismos entre las dos guerras mundiales. Inspirándose en el modelo italiano y en el homónimo *Estado Novo* salazarista portugués, con el cual comparte también la común matriz católico-integralista, el *Estado Novo* de Vargas se caracteriza por el intervencionismo en todos los aspectos de la vida nacional, aunque gran parte de sus recursos estén destinados a la creación de un vasto programa de obras públicas y al desarrollo de la industria pesada. Al igual que en el caso portugués, el énfasis en la palabra *Novo* indica la novedad histórico-política de un Estado autoritario surgido para trazar el nuevo camino modernizador del país, en total ruptura con el liberalismo y en total antítesis al enemigo comunista.

La experiencia brasileña se configura esencialmente como una «modernización autoritaria»[123] desde arriba, no exenta sin embargo de elementos totalitarios, aunque no apunte a una transformación de la naturaleza humana, al igual que el *nazifascismo*[124].

---

122. Sobre el *Estado Novo*, *Estado Novo. Ideología y poder*, coordinatoras L. LIPPI, Â. M. CASTRO GOMES, M.P. VELLOSO, Jorge Zahar editor, Río de Janeiro, 1982; *Estado Novo, um Auto-Retrato: O Arquivo Gustavo Capanema*, coordinator S. Schwartzman, Editora da Universidade de Brasília, Brasília, 1982; GARCIA, N. J. *Estado Novo: ideologia e propaganda política*, Loyola, São Paulo, 1982; *Repensando o Estado Novo*, coordinatora D. Pandolfi, Editora da FGV, Rio de Janeiro, 1999; D'ARAUJO, M.C. *O Estado Novo*, Jorge Zahar editor, Río de Janeiro, 2000; CAPELATO, M. H. «O Estado Novo: o que trouxe de novo?», en *O Brasil republicano, III, O tempo do nacional-estadismo*, coordinatores J. Ferreira, L. Delgado, Civilização Brasileira, Río de Janeiro, 2003, págs.109-143; Eadem, *Multidões em cena*, cit.; *A Era Vargas: Desenvolvimentimentismo, Economia e Sociedade*, coordinatores P.P.Z. Bastos, P. C. D. Fonseca, UNESP, São Paulo, 2011; CODATO, A. «Estado Novo no Brasil: Um estudo da dinâmica das élites políticas regionais en contexto autoritário», en *Dados*, núm. 2, 2015/58; MARTINHO, F.C.P. «Elites políticas e intelectuais e o Ministério do Trabalho: 1931/1945», en *Estudos Ibero-Americanos*, núm. 2, 2016/42, págs. 454-70; *O que há de novo sobre el Estado Novo*, coordinatores A. Freire, F.C. Palomanes Martinho, M.A, Vannucchi, Editora da FGV, Río de Janeiro, 2019; COSTA PINTO, A. *Dictaduras latinoamericanas*, cit.; *A Era Vargas (1930-1945)*, cit.; de particular importancia son las recientes publicaciones del grupo de investigación sobre la «Era Vargas», vinculadas a la Universidad Estatal de Río de Janeiro: https://www.grupodepesquisavargas.com.br/

123. MORAIS DE ASSUNÇÃO, M. F. «O Estado Novo Brasileiro Como Espelho Do Salazarismo: Autoritarismo e Corporativismo Na Seção "Crítica" Da Revista Brasília Do Instituto de Estudos Brasileiros Da FLU (1942-1944)», en *Revista de História Das Idéias*, 2016, núm. 34, págs. 169-190; *A era do corporativismo*, cit.; L.P. GONÇALVES, *Plínio Salgado*, cit.; A. COSTA PINTO, *Latin American Dictatorships*, cit., págs. 17-24; *O Estado Novo de Salazar. Uma terceira via autoritária na era do Fascismo*, coordinador A. Costa Pinto, Edições 70, Coimbra, 2022.

124. E. DUTRA, *O Ardil Totalitário: Imaginário no Brasil dos Anos 30*, Editora da UFRJ, Rio de Janeiro, 1997.

Desde su fundación, el *Estado Novo* no se basa en la centralidad del partido único de masas, eje central de la movilización fascista, sino que utiliza otros instrumentos de las dictaduras totalitarias de la época. La constitución de 1937[125] es elaborada por el ministro de justicia Francisco Campos, muy cercano al fascismo, quien establece la supremacía del poder ejecutivo sobre el legislativo y judicial. Campos desempeña un papel fundamental también en el proyecto ideológico y cultural del *Estado Novo*[126].

La Carta de 1937 incorpora su antiliberalismo, basado en el rechazo del racionalismo, del individualismo moderno y del mercado como centro regulador de toda la vida social. Los pilares del liberalismo son sometidos a una crítica radical por parte del constitucionalista brasileño en la perspectiva de pensar el Estado Nuevo como una democracia autoritaria, desvinculada de los procedimientos racionales de mediación de las liberaldemocracias, en razón del carácter irracional de las masas, sensibles al mito político del líder carismático[127]. Bajo este perfil, se comprende su interés por la cultura y la ideología fascista, aunque siempre se defendió de la acusación de ser un defensor del fascismo argumentando que el mito y la violencia eran elementos que el régimen italiano incorpora del «sindicalismo revolucionario de Sorel», el corporativismo ya existía mucho antes de que el fascismo creara el primer estado corporativo —de ahí la apropiación del tradicionalismo católico europeo—, y Brasil no era una sociedad de masas al estilo de las europeas, y como tal no necesitaba del partido-estado único, de matriz totalitaria, para ser enmarcada.

La creación del Departamento de Censura y Propaganda Política (DPDC), dirigido por Lourival Fontes[128], giraba en torno al liderazgo carismático-paternalista de Vargas y a la ideología oficial estadonovista del *Trabalhismo* y del «progreso en el orden», de matriz positivista, en el centro de una masiva y bien cuidada propaganda confiada a los más modernos medios de comunicación, los cuales contribuían a la creación de la «ciudadanía desde arriba»[129],

---

125. *Constituição de 1937 e Constitucionalismo Brasileiro*, coordinador M. Mont'Alverne Barreto Lima «y otros», Lumen Juris, Rio de Janeiro, 2019; Dultra dos Santos, R. *Teoria constitucional, ditadura e fascismo no Brasil*, Tirant, São Paulo, 2021; Rosenfield, L. *Revolução Conservadora. Genealogia do constitucionalismo autoritário brasileiro (1930-1945)*, Edi-Pucrs, Porto Alegre, 2022.

126. Campos, F. *O Estado Nacional*, cit. Campos fue también responsable de la reforma del Código Penal.

127. Campos, F. *O espirito do Estado Novo: interpretação da Constituição de 10 de novembro de 1937*, Serviço de Divulgação da Policia Civil do Distrito Federal, Rio de Janeiro, 1937; *Idem, Os problemas do Brasil e as grandes soluções do novo regime*, Imprensa Nacional, Rio de Janeiro, 1938.

128. Periodista y político, fue nombrado director de Propaganda en 1934, continuando luego en el cargo durante el *Estado Novo*.

129. Como observa Murilho de Carvalho, J. *Cidadania no Brasil*, cit., pág. 85 y ss., que reelabora el concepto de «ciudadanía regulada desde arriba» de Santos, W. G. *Cidadania e justiça: a política social na ordem brasileira*, Campus, Río de Janeiro, 1987 (2.ª ed.).

concedida en forma de derechos sociales al trabajador brasileño a cambio de su enmarcamiento, mediante el Ministerio del Trabajo, en el Estado autoritario y corporativo[130]. Y, además, la capilar organización burocrática de los aparatos del Estado; la reforma de la educación bajo la guía del ministro de educación Gustavo Capanema y de F. Campos, según el modelo elaborado por Giovanni Gentile; un robusto programa de equipamiento de las Fuerzas Armadas; el terror, la represión y la tortura de los enemigos internos del régimen, en manos de la policía política bajo el mando de Filinto Müller (fig. 7)[131].

[FOTO] 8. Constitución del Estado Novo (1937).

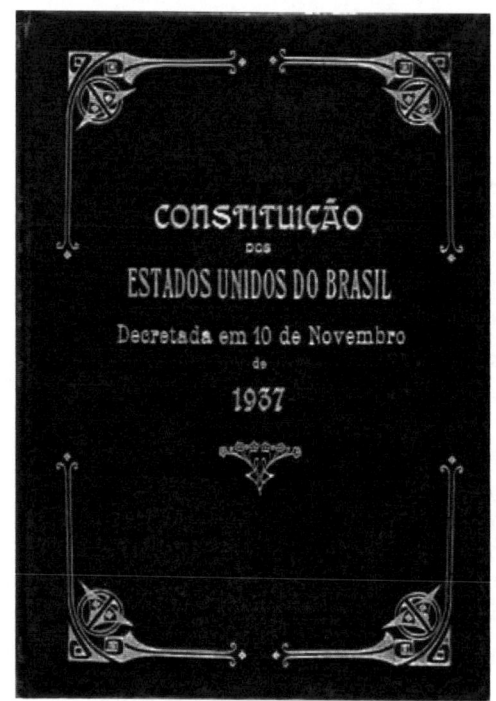

---

130. MICELI, S. *Intelectuais e Classe Dirigente no Brasil*, cit.

131. CANCELLI, E. *O mundo da violência: a polícia da era Vargas*, Editora Universidade de Brasília, Brasília, 1993. Entre las víctimas de la represión estaba la militante comunista alemana, de origen judío, Olga Benario, que fue enviada por la Internacional Comunista a Brasil para apoyar al Partido Comunista Brasileño, liderado por Carlos Prestes, que se convirtió en su cónyuge, en la revolución armada. Los dos vivieron escondidos hasta 1936, cuando fueron capturados y encarcelados. Y en prisión, la embarazada Benario fue deportada a Alemania, al campo de Barnimstrasse, y luego gaseada en el campo de Bernburg en 1942.

El centro catalizador de esta nueva visión del Estado es la vía brasileña hacia el Estado corporativo, en el cual se entrelazan varias dimensiones, moduladas según la teoría del «corporativismo puro e integral» de Manoïlesco, en el centro de un amplio debate durante la *Era Vargas,* dado que desde los primeros años treinta circulaban ampliamente sus teorías sobre el proteccionismo.

A partir de una teoría general del Estado corporativo y de las diferentes vías nacionales que este asumió entre las dos guerras mundiales, se puede discutir sobre la diferencia entre los propósitos ideológicos y las realizaciones concretas en el caso brasileño.

Algunas consideraciones sobre el caso italiano son válidas también para la vía brasileña. El corporativismo en Brasil tuvo una aplicación parcial, porque no se consolidó en organizaciones permanentes de representación de las diferentes clases sociales, también por la hostilidad de los industriales a someterse al encuadramiento de sus propias categorías en el Estado[132]. La misma industrialización siguió canales paralelos. A raíz del modelo italiano, entre 1937 y 1942, se crearon los Consejos Técnicos, de clara orientación tecnocrática, bajo el control de los diversos Ministerios[133]. Se trata de organismos consultivos específicos, nacidos «ya en la fase constitucional de la Revolución varguista y perfeccionados con la instauración del *Estado Novo* autoritario», para coadyuvarlo en su diseño de desarrollo nacional industrial y en la explotación de los abundantes recursos naturales, en primer lugar, el petróleo[134].

Entre los más importantes, el Consejo Técnico de Economía y Finanzas, con el objetivo de formular opiniones sobre la política fiscal, bancaria, monetaria y energética; el Consejo Nacional del Petróleo, cuyo núcleo técnico habría guiado a Petrobras[135] en el segundo posguerra; el Consejo Nacional del Agua y la Electricidad, con el propósito de elaborar planes de intervención del Estado en la producción hidroeléctrica; la Sociedad Vale do Rio Doce, de capital mixto, creada para promover la explotación de los recursos mineros del subsuelo brasileño, hasta la creación de la Compañía Siderúrgica Nacional.

Los Consejos Técnicos estaban subordinados directamente al presidente de la República, al igual que en Italia, donde el aparato corporativo

---

132. Manoïlesco, M. *Teoria do protecionismo*, cit.; *Idem, O século do corporativismo*, cit.; *Idem, El partido único*, cit.

133. Diniz, E. *Engenharia institucional e políticas públicas: dos conselhos técnicos as câmaras setoriais,* en *Repensando o Estado Novo*, cit., págs. 28.

134. Albernaz, C.A.A. «The technical councils of the Brazilian government structure: Corporatism, authoritarianism, and modernization (1934-1945)», en *Portuguese Studies*, núm. 2, 2016/32, págs. 244-261.

135. Petrobras es una empresa de capital mixto, en la que el Gobierno brasileño es el accionista mayoritario. Fue creada en 1953, durante el segundo gobierno de Vargas, para explotar los recursos petrolíferos del País.

estaba rígidamente controlado por el partido-estado fascista. No por nada en ambos países la intervención directa del Estado en la economía nunca se apartó del reconocimiento de la iniciativa privada y de las necesidades de los industriales. En resumen, el capitalismo nunca fue cuestionado.

También en el caso brasileño, los propósitos de socialización de los medios de producción no fueron más allá de las proclamaciones de algunos sectores del sindicato y del orden de los abogados, justo como en el caso italiano, si pensamos en el vano debate sobre el «fascismo de izquierda» que marca toda la parábola del régimen desde San Sepolcro hasta la República Social Italiana.

Otro punto en el que el fascismo y el *Estado Novo* se encontraron en plena sintonía fue sin duda la cuestión del encuadramiento del sindicato único en el Estado, inspirada claramente en la ley Rocco de 1926 y en la Carta del Trabajo[136].

En algunos artículos que regulan la esfera económica y social, la constitución del *Estado Novo* se presenta como una transcripción literal de la Carta del Trabajo, con la introducción del sindicato único, del contrato colectivo de trabajo, de la magistratura del trabajo, de la prohibición de la huelga y del cierre patronal, y de la organización corporativa de la producción (arts. 138, 139 y 140). La Carta Constitucional de 1937 traza las coordenadas del nuevo modelo de organización del sindicato expuestas en el decreto 1402 de julio de 1939, donde se fija el principio fascista de la unicidad como base de la organización sindical por categorías económicas o profesionales, con algunas diferencias del art. III de la Carta del Trabajo, que sin embargo no modifican su planteamiento general. Al exponer los contenidos del decreto, el jurista Oliveira Vianna, miembro de la comisión encargada de su redacción, justificaba su adopción, resaltando su originalidad y continuidad respecto al decreto de 1931. Según Vianna, la unicidad sindical era un principio en línea con la función de organización solidaria de los intereses de categoría que el sindicato debía desempeñar en la sociedad industrial contemporánea. Por lo tanto, era el modelo más adecuado para resolver el problema histórico de la falta de una solidaridad económica o profesional del pueblo brasileño[137].

Para hacer eco de la originalidad del corporativismo brasileño, el «*Departamento de Propaganda*»/DIP del *Estado Novo* autorizó la creación de la revista *Cultura Política*, a la que colaboraron algunos de los grandes nombres de la cultura brasileña, entre ellos el escritor Carlos Drummond de Andrade,

---

136. Como ejemplo, FARIA ROCHA, W. «Participación de los trabajadores en los beneficios de la empresa», en *Revista do Trabalho*, núm. 22, 1935. Es interesante observar cómo el autor intenta adaptar al caso brasileño un concepto ya presente en los documentos fundacionales del fascismo italiano.

137. ROMITA, A. *O fascismo no direito do trabalho brasileiro*, cit., págs. 30.

el sociólogo Gilberto Freyre[138], el poeta y músico Vinícius de Moraes, bajo la dirección de Almir de Andrade[139].

Publicada entre 1941 y 1945, se proponía difundir ampliamente la cultura brasileña tanto a nivel internacional como entre las clases populares, abarcando desde la teoría política hasta la historia y la literatura nacionales, y contando con los principales intelectuales de la época, incluidos aquellos que no se habían asociado al autoritarismo varguista, para mostrar que el régimen, lejos de ser totalitario, garantizaba la libertad de expresión a todos. El objetivo principal desde el primer número era remodelar el pasado de Brasil para crear una nueva cultura nacional en armonía con el diseño autoritario del *Estado Novo*, que se exhibiría al mundo entero con orgullo[140].

Entre los temas centrales se encontraba «el corporativismo y la cuestión social». En sintonía con la elaboración de la legislación *trabalhista*, la revista resaltaba la novedad de un régimen, el *Estado Novo*, que por primera vez en la historia del país había colocado la cuestión social como centro catalizador de su política. En esta perspectiva, se sostenía que el estado corporativo brasileño no tenía nada que ver con las otras experiencias internacionales, ya que su objetivo era valorar la nación brasileña en todos sus aspectos, colocando en el centro de su vida el trabajo como principal elemento de realización del ser humano, también en la línea de la doctrina cristiana[141].

El acento recaía, por tanto, en las diferencias de motivaciones y de realización entre el modelo brasileño y el italiano. Se trataba, en resumen, de una adaptación a una realidad diferente de la italiana, porque, mientras se hacía propio el principio de la unicidad sindical, se disociaba el sindicato de la categoría —principio básico del corporativismo fascista: «a cada sindicato una categoría»— para establecer un encuadre fundado por similitud y conexión de las profesiones no sobre una base nacional, sino sobre bases distritales,

---

138. Licenciado en Derecho, se dedicó después a estudiar filosofía y psicología. Fue uno de los principales intelectuales brasileños da época.

139. ANDRADE DE, A. «A evolução política e social do Brasil», en *Cultura Política*, Ano I, vol. I, 1941, Río de Janeiro, Departamento de Imprensa e Propaganda-DIP. https://www.docvirt.com/docreader.net/DocReader.aspx?bib=Rev_Cultura&PagFis=12&Pesq=Num01%201941.

140. VELLOSO, M. *Os Intelectuais e a política cultural do Estado Novo*, Fundação Getúlio Vargas/ CPDOC, Río de Janeiro, 1987; CODATO A., GUANDALINI, W. «Os autores e suas ideias: um estudo sobre os intelectuais as elite e o discurso político do Estado Novo», en *Revista estudos históricos*, núm. 32, 2003/2.

141. *Cf.* por ejemplo, CALLAGE, F. «O passado e o presente da questão social no Brasil», en *Cultura Política*, 1941, v. 1, núm 1, págs. 51-60. Consultable en https://www.docvirt.com/docreader.net/docreader.aspx?bib=Rev_Cultura&pesq=%20Num01%201941. Pero también *Cultura Política e o Pensamento Autoritario*, coordinator R. Vélez Rodriguez, Câmara do Deputados, 1983, Brasília; CHAVES R., *Autoritarismo, questão social e a revista Cultura Política do Estado Novo*, tesis, supervisor F. Gentile, Departamento de Ciencias Sociales, Universidad Federal de Ceará, 2019; VIANNA, L.W. *Liberalismo e sindicato no Brasil*, pág. 285.

municipales, estatales e interestatales. La intención era aislar aún más a los sindicatos[142].

También en este caso, el corporativismo se llevaba a cabo solo de manera parcial. Por un lado, los datos nos confirman una notable expansión de las organizaciones sindicales incorporadas en el *Estado Novo*, basta pensar que los sindicatos de empleadores reconocidos fueron 649 en 1935; 695 en 1936; 955 en 1938; 1.111 en 1939, mientras que los sindicatos de trabajadores reconocidos fueron 487 en 1935; 538 en 1936; 810 en 1938; 1.043 en 1939[143].

Por otro lado, es necesario registrar la hostilidad de los industriales a plegar sus propios intereses privados «al superior interés de la nación». El *Estado Novo* estaba, por tanto, llamado a una sofisticada tarea de ingeniería jurídica para organizar las nuevas transformaciones económico-sociales de la industrialización, que se traducía en un *do ut des* entre el Estado, las organizaciones de los trabajadores y los organismos confindustriales.

En el lado de las organizaciones patronales, era necesario tranquilizar a los empresarios sobre la naturaleza del Estado, intervencionista pero respetuoso de la iniciativa privada; en cambio, en el lado de las organizaciones de los trabajadores, era necesario suavizar la subordinación totalitaria (de matriz rocchiana) de un sindicato privado del derecho a huelga con la aprobación de nuevas leyes para la protección del trabajo, con la creación del salario mínimo (decreto ley 2162 de 1940), y con la introducción de la magistratura del trabajo (decreto 1237 de mayo de 1939), vinculada al Ministerio de Trabajo, Industria y Comercio, para conciliar y arbitrar los conflictos colectivos de trabajo, dada la hostilidad de los industriales a «reconocer en el mundo del trabajo un interlocutor con quien tratar»[144].

El nuevo orden corporativo se completaba con la introducción de la contribución sindical obligatoria (decreto ley 2377, de julio de 1940), también de matriz fascista, pensado para reforzar el sindicato como instrumento principal de la movilización de los trabajadores, creando al mismo tiempo una casta de sindicalistas leales al Estado varguista. Según las leyes vigente el aporte, equivalente a un día de trabajo, era recogido por el Ministerio del Trabajo y redistribuido a las organizaciones sindicales[145].

El punto de llegada de la legislación social varguista fue la aprobación en 1943 de la *Consolidação das Leis do Trabalho*/CLT, que recopilaba toda la normativa en materia de derechos laborales elaborada durante la *Era Vargas*: cientos de leyes destinadas a regular las condiciones de trabajo (el horario de trabajo, el trabajo de menores y mujeres, las vacaciones, los permisos de

---

142. *Cf.* SIMÃO, A. *Sindicato e Estado*, Ática, São Paulo, 1981, pág. 186.

143. VIANNA, L.W. *Liberalismo e sindicato no Brasil*, cit., págs. 285.

144. VIANNA, L.W. *Liberalismo e sindicato no Brasil*, cit., pág. 281.

145. COTRIM NETO, A.B. «Imposto Sindical», en *Revista do Trabalho*», núm. 6,1941.

trabajo, etc.); las leyes sobre la previsión y la creación de los Institutos de Previsión y Pensión (IAP), que imitaban al INPS.

2. La *Revista do Trabalho*, un laboratorio de ideas para el corporativismo brasileño

En la perspectiva de pensar la circulación «transnacional» y «transatlántica» del fascismo y del corporativismo en el Brasil de Vargas, pretendemos, en este punto, analizar la *Revista do Trabalho*, creada por Gilberto Flores en 1933 y que duró hasta 1965.

Fue uno de los principales laboratorios culturales, ideológicos y políticos de la llamada «cuestión social», además de la modernización de Brasil.

Como bien se ha destacado[146], la revista, además de afirmarse como uno de los puntos de referencia del derecho laboral, logró consolidarse, a pesar de no contar con financiamiento estatal, como organismo «técnico» junto al *Boletín del Ministerio del Trabajo*, el órgano oficial de la legislación laboral de Vargas, porque su director G. Flores mantuvo siempre buenos relaciones con el Ministerio del Trabajo (fig. 9).

[FOTO] 9. Revista do Trabalho, n. 2, 1933.

---

146.   BIAVASCHI, M. *O direito do trabalho no Brasil*, cit.

Desde el primer número, la revista fue, de hecho, portavoz del gobierno provisional, además de ser un espacio «abierto a todas las opiniones». La mayoría de los artículos está claramente ligada a su proyecto político: resaltar la poderosa e innovadora arquitectura jurídica del «social» a cargo del gobierno provisional surgido de la «Revolución de 1930», presentada como el momento original de la política social brasileña en materia de derecho del trabajo[147]. El objetivo, compartido por todos los colaboradores, es encontrar soluciones al problema de la regulación del trabajo en Brasil, comparándola con las principales legislaciones de los países que ya estaban en el camino de la incorporación de la cuestión social en el Estado. La investigación científica y el estudio «positivo» de los hechos sociales son sus fundamentos teórico-metodológicos.

La revista se compone de un editorial de apertura no firmado, una sección de doctrina del derecho del trabajo, con artículos de importantes juristas de la época, entre los que se encuentran Oliveira Vianna, E. de Moraes Filho, J. Pimenta, H. Pimpão, C. de Carvalho, D. Lacerda, O. Saraiva, E. de Carvalho, A. Sussekind, J. de Segadas Vianna, además de contribuciones del personal técnico del Ministerio del Trabajo. Sin embargo, no faltan traducciones de artículos de teóricos extranjeros del corporativismo, una sección de información sobre las principales legislaciones laborales a nivel internacional, con una mirada a otros movimientos sindicales, y para finalizar, una sección más técnica que comprende opiniones sobre los artículos del código del trabajo brasileño.

Aunque la revista ha mantenido a lo largo de toda su existencia una continuidad de posiciones respecto a la «cuestión social», nuestro enfoque cronológico la divide en dos momentos.

El primero (1933-1935) está relacionado con la construcción de la legislación sociolaboral, modelada sobre el estudio de la cuestión social brasileña, en comparación con los principales países del mundo occidental desarrollado.

El segundo, del *Estado Novo*, desde 1937 hasta 1945, está relacionado con la obra de consolidación del código de leyes en materia de derecho del trabajo (CLT).

Los números del período 1933-1935 están caracterizados por tres temas dominantes, cuyo hilo conductor es el camino de apropiación del modelo corporativo fascista italiano, con relativo debate, en la legislación *trabalhista*.

El primer tema es la intervención del Estado en el conflicto de clases en los países avanzados o en vías de desarrollo a través de la creación de una legislación laboral. El segundo es la incorporación del sindicato y la regu-

---

147. *Cf.* el Editorial de presentación del núm. 2, noviembre 1933.

lación jurídica de la negociación colectiva. El tercero, lógica consecuencia de los dos primeros, es el corporativismo como modelo estatal que puede poner orden en la crisis del capitalismo, en alternativa al estado liberal y sin necesariamente caer en el totalitarismo fascista o comunista. A tal fin, hemos seleccionado algunas contribuciones emblemáticas de los principales debates de la revista.

A raíz del corporativismo fascista, la construcción del «Estado Nacional del Trabajo» está en el centro del debate en los primeros números. Y para crearlo es necesario, en primer lugar, organizar la clase trabajadora —no solo con el decreto sobre el reconocimiento jurídico del sindicato, sino también con la institución de una tarjeta profesional de identificación del trabajador—, con el fin de formar el espíritu corporativo de las masas trabajadoras[148].

En este punto, la revista es contundente al afirmar que el corporativismo brasileño no es una «copia» de la Carta del Trabajo. Las diferencias de la arquitectura jurídica brasileña respecto a la italiana se convierten en el tema dominante de la reflexión.

Aunque no carece de argumentos válidos, es sin embargo poco persuasiva la defensa, claramente sesgada, de la autonomía del sindicato brasileño, presentado por uno de los principales juristas, colaboradores de la revista, como un órgano de colaboración espontánea con el Estado, donde un elemento central del sistema italiano es la dependencia total del sindicato del partido-Estado totalitario, ausente en el caso de Brasil[149].

En apoyo adicional de la tesis de la originalidad de las leyes brasileñas en materia de trabajo, se argumenta que la creación de contratos colectivos en Brasil es una necesidad compartida con todos los países bajo régimen capitalista. El traslado de la cuestión social del nivel individual al nivel colectivo es inevitable y necesario. Y entre las principales tareas del «Estado Nuevo» se subraya la resolución de los conflictos entre empleadores y empleados mediante la legislación laboral. El estado debe prevenir y no castigar, en abierta oposición a la cuestión social como «caso de policía» durante la época liberal[150].

---

148. Oliveira Vianna, F. J. «Os sindicatos são os intermediários naturais e legais entre as classes e o poder público», en *Revista do Trabalho*, núm. 2, 1933.

149. Pimenta, J. «O verdadeiro sindicado e o sindicado fascista», en *Revista do Trabalho*, núm. 7, 1934, lo que fue corroborado posteriormente por la traducción de B. Mirkine Guetzevich, profesor ruso de derecho comparado en la Universidad de París, «Lo Stato corporativo e il regime rappresentativo», en *Revista do Trabalho*, núm. 18, 1935. El autor insiste en la verdadera naturaleza totalitaria del Estado corporativo fascista, argumentando que las corporaciones italianas, que habían sido durante mucho tiempo entes estatales independientes, están subordinadas al partido fascista.

150. Moraes Filho de, «Os inimigos das leis trabalhistas», en *Revista do Trabalho*, núm. 18, 1935.

Revisando ahora rápidamente el periodo 1937-1945, se puede decir que se caracteriza por el problema de la introducción del principio fascista del poder normativo de la magistratura del trabajo. Según el eminente jurista liberal Waldemar Ferreira[151], en abierta polémica con Oliveira Vianna, se trata del último acto de un proceso de incorporación de disposiciones fascistas como el contrato colectivo, el sindicato único y la prohibición de huelgas en el derecho laboral brasileño.

La respuesta de la revista no se hace esperar. Los numerosos artículos publicados en defensa de la justicia del trabajo como corolario de la gran obra social iniciada por la «Revolución de 1930» sostienen con firmeza la originalidad del modelo sindical brasileño, mezcla armoniosa de derecho privado y público[152]. Basta pensar en Oliveira Vianna, quien sostiene que en ninguna legislación se encuentra un régimen de coexistencia entre sindicatos de derecho privado y sindicatos de derecho público tan armonioso como en el nuevo derecho sindical brasileño. En él se combinan sabiamente el sindicato, asociación oficial del Estado, propia de la democracia autoritaria, y el sindicato, asociación de derecho privado, propia de la democracia liberal. El nuevo régimen sindical brasileño se diferencia, por lo tanto, del régimen italiano, así como difiere del régimen portugués, y tiene características propias que lo hacen del todo original.

La creación de los tribunales del trabajo, bajo el modelo fascista, reaviva la discusión sobre la apropiación de la Carta del Trabajo en la legislación varguista, uno de los hilos conductores del enfrentamiento ideológico-político entre sectores del mundo liberal (juristas y empresarios de São Paulo) y defensores del estado varguista autoritario.

También en esta circunstancia, las posiciones de la revista reflejan la propaganda oficial del *Estado Novo*. Y, por lo tanto, no hay que sorprenderse de la ambigüedad de los pareceres, corroborados por una sofisticada estructura jurídica, en defensa del modelo brasileño[153].

Aunque el artículo 138 de la constitución de 1937, lo reiteramos, sea una transcripción literal de la Carta del Trabajo, los juristas de la *Revista do Trabalho* intentan separar el modelo brasileño del italiano, afirmando que el *Estado Novo* no es fascista totalitario.

Con argumentos no exentos de evidentes contradicciones, el estado de Vargas se aproxima más bien al estado autoritario portugués, de matriz cristiano-católica, «que no es ni burgués ni proletario», y cuyo lema es «nada

---

151. Ferreira, W. «Justiça do Trabalho», en *Revista do Trabalho*, núm. 5, 1937, págs. 236-237.

152. Por ejemplo, Machado, J.M. «Justiça do Trabalho», en *Revista do Trabalho*, num. 6, 1937; Oliveira Vianna, F. J. «Os tribunais do trabalho e sua competência normativa», en *Revista do Trabalho*, núm. 9,1937.

153 Oliveira Vianna, F. J., «Sindicalização e teoria do Estado», en *Revista do Trabalho*, núm. 7, 1939.

contra la nación, todo por la nación», según la proclama de Salazar, idea que, a su vez —como es sabido— es una copia de la concepción de Mussolini «todo en el Estado, nada fuera del Estado, nada contra el Estado»[154].

En conjunto, el examen de las posiciones ideológico-políticas de la *Revista do Trabalho* muestra el esfuerzo por desvincular la visión del corporativismo autoritario del totalitarismo fascista, apelando principalmente a una tradición jurídica italiana —definida por los juristas brasileños como «técnicamente neutra», al ser transversal incluso a la tradición liberal—, de modo que permita la disociación del derecho corporativo del contexto político para minimizar su incidencia en la transformación en sentido totalitario de la sociedad.

En esta perspectiva, los juristas de la *Revista do Trabalho* tienden a situar la novedad del derecho corporativo en el marco del *ius positum*, interpretando la ley Rocco de 1926 como una reapropiación por parte del Estado de su tradicional soberanía perdida en la crisis del liberalismo. A modo de corolario de tal lógica se afirma —como hemos visto— que la necesidad de trasladar el conflicto social del plano individual al plano colectivo es compartida por todos los países que enfrentan la crisis del capitalismo mundial, y no puede ser, por lo tanto, asociada al totalitarismo fascista, al cual sin embargo se le atribuye el mérito de haber dado por primera vez una forma corporativa al Estado.

Los teóricos de la vía brasileña al corporativismo se reconocen en el modelo italiano, ya que se considera el más moderno entre los proyectos de Estado de la época. La «tercera vía» corporativa, entre el liberalismo individualista y excluyente y el socialismo colectivista, satisface a Vargas y a sus colaboradores en su intento de incluir a la clase trabajadora en el Estado, con la ayuda del sindicato, bajo el lema de la armonía y la paz social.

3. Entre Alfredo Rocco y Mihail Manoïlescu, la teoría corporativa de Oliveira Vianna

Como se ha visto, durante el *Estado Novo*, el poder normativo atribuido a la justicia del trabajo —a la luz del corporativismo italiano— fue el hilo conductor del debate sobre la matriz fascista del Estado corporativo de Getúlio Vargas. Es una cuestión crucial, que vale la pena profundizar desde un ángulo teórico-metodológico privilegiado, el pensamiento de Oliveira Vianna, ya que nadie mejor que el teórico del corporativismo varguista ha expresado, no solo en forma de escritos sino también colaborando con el Ministerio del Trabajo, los complejos y conflictivos caminos de adecuación del modelo italiano al *Estado Novo*[155].

---

154. «Parecer sobre o anteprojeto da lei sindical», en *Revista do Trabalho*, núm.1, 1939.

155. Sobre su pensamiento, *O pensamento de Oliveira Vianna*, coordinadores E.R Bastos, J.Q. Moraes, Editora Unicamp, Campinas, 1993.

La cuestión central es cómo y en qué medida el autoritarismo de Vianna se apropia de un modelo corporativo pensado para una dictadura permanente, totalitaria.

Ocupémonos de *Problemas de Direito Corporativo*[156]. Se trata de una recopilación de artículos publicados en el *Jornal do Comercio* para defender el proyecto de institución de la magistratura del trabajo (art. 5 de la Carta del Trabajo), elaborado por la comisión de técnicos del Ministerio del Trabajo, de las críticas del conocido jurista W. Ferreira por haber introducido en el derecho brasileño uno de los pilares del totalitarismo fascista.

El texto de Vianna utiliza un léxico jurídico y argumentos extraídos de la principal ciencia jurídica italiana de la época y del pensamiento de M. Manoïlescu.

Desde las primeras páginas, el tono de la autodefensa de Vianna se apoya en un hábil y refinado intento de separar el corporativismo del rígido modelo del partido-estado totalitario fascista, llevando el discurso al campo de las relaciones entre la tradición jurídica y el nuevo derecho corporativo, que se afirma como necesaria respuesta a las tensiones específicas, producidas por el conflicto capital-trabajo de la civilización industrial, así como a los nuevos procesos de organización colectiva de los intereses, extendidos a nivel internacional y como tales no limitados apenas a la experiencia de la Italia fascista.

Sirviéndose de los exponentes más autorizados del derecho del trabajo italiano, Vianna muestra cómo el modelo corporativo busca solucionar, así como había ocurrido para el liberalismo del siglo XIX, el problema de las relaciones entre el Estado y la sociedad en el siglo XX, yendo más allá de la dicotomía tradicional entre lo público y lo privado.

Si la Gran Guerra había sancionado el fin del viejo orden decimonónico, el orden del siglo XX, caracterizado por la emergencia de nuevos segmentos sociales en busca de una representación adecuada, y de nuevos grupos de interés, imponía una reconsideración total de las relaciones entre el Estado, el mercado y la sociedad.

Según Vianna, está claro que la solución jurídica de la cuestión social se articula en torno a la representación por «categorías». El Estado puede presentarse como «nuevo», siempre que recupere todas sus prerrogativas perdidas en la crisis del liberalismo —monopolio del orden, gobierno y corporativismo— para armonizarlas con un proyecto de catalogación totalitaria, por categoría, del social.

Pero si el modelo de corporativismo de Vianna se asemeja sustancialmente a la Carta del Trabajo, ¿cómo puede el jurista fluminense salir del *impasse* de ser acusado de imitar un corporativismo estatal —poder normativo de la jus-

---

156. OLIVEIRA VIANNA, F. J. *Problemas de Direito Corporativo*, José Olympio, Rio de Janeiro, 1938, pág. 26. Y de lo mesmo autor, *Problemas de direito sindical*, Max Limonad, Rio de Janeiro, 1943.

ticia laboral, contrato colectivo, sindicato único y prohibición de la huelga—, que en las intenciones de Rocco debería haber sido la esencia del Estado fascista totalitario? Es el núcleo central de la batalla ideológico-política entre liberales y autoritarios durante el *Estado Novo*.

En este punto, Vianna desvincula la vía brasileña hacia el Estado autoritario y corporativo del totalitaritarismo fascista reelaborando una explicación «reduccionista», técnico-jurídica y «neutra» de la novedad introducida por Rocco en el derecho italiano, tendiente a disociar la norma del contexto político y socioeconómico de la época.

Esterilizada en su proyecto de incidir en profundidad en la sociedad italiana, la Carta del Trabajo es presentada por O. Vianna al mismo tiempo como una restauración de la tradicional soberanía estatal perdida en la crisis del centralismo imperial, el inicio de una nueva era transitoria, marcada por la organización corporativa de la sociedad, confiada a las élites de los «técnicos», y yendo por tanto más allá del fascismo para alcanzar nuevas metas (la «democracia social y corporativa») más adecuadas para fundar la nación brasileña sobre los valores de la educación, la solidaridad y la armonía entre las clases, en la línea de la doctrina social de la Iglesia Católica.

El planteamiento general del diseño corporativo de Oliveira Vianna tiende a enmarcar la novedad del corporativismo fascista en el contexto del *ius positum*. En línea con la corriente representada por el especialista en derecho público O. Ranelletti, el sociólogo puede por tanto exaltar la modernidad corporativa de Alfredo Rocco.

Remitiéndose además al otro grande jurista italiano F. Carnelutti[157], Oliveira Vianna llega incluso a interpretar la solución definitiva de la incorporación de la clase trabajadora mediante el sindicato único, la justicia del trabajo, el contrato colectivo, en la perspectiva de un liberalismo de tonos conservadores que se abre necesariamente al recupero de la autoridad del Estado con la intención de garantizar la protección de las libertades individuales.

En esta perspectiva se explica por qué Oliveira Vianna, a pesar de llegar a teorizar un autoritarismo que privilegia el orden, la organización y la jerarquía, continúa aún en los años treinta manteniendo una relación dialéctica con el pensamiento liberal.

Además, siempre en la línea de Carnelutti, el jurista brasileño identifica en la Ley Rocco el esfuerzo del derecho contemporáneo por encontrar, en respeto a su vocación, nuevas soluciones para armonizar el conflicto en una sociedad compleja, de masas, surgida de la industrialización. Y el punto de partida no puede ser otro que el Estado que entra en la «cuestión social», dada la natural tendencia «social» del hombre. Es una lectura que tiende a ver en la Carta del Trabajo el gran debate jurídico-político de la época sobre la necesidad de organizar de forma colectiva las nuevas relaciones labora-

---

157. CARNELUTTI, F. *Teoria del regolamento collettivo del lavoro*, Cedam, Pádua, 1928.

les, o, mejor dicho, la transición del conflicto individual al conflicto colectivo, entendido como la suma de una serie homogénea de conflictos individuales.

En esta óptica, la institución de la justicia del trabajo puede ser legitimada como un instrumento jurídico creado por el Estado-nación en función de autogarantizarse ante los nuevos conflictos producidos por la economía industrial moderna[158].

Es claro que Carnelutti y Vianna, aunque en contextos totalmente diferentes, eliminan de la ley Rocco su original matriz totalitaria.

Si bien la escuela del derecho corporativo italiano proporciona a Vianna las herramientas para definir el marco jurídico del Estado autoritario de matriz sindical-corporativa, es sin embargo la teoría del corporativismo «puro e integral» de Manoïlescu la que le permite desvincular el corporativismo autoritario brasileño del totalitarismo italiano.

En verdad, el diálogo de Vianna con Manoïlescu no se limita solo al corporativismo, ya que se sitúa en el contexto más amplio del debate sobre el partido único totalitario.

De hecho, en *O Idealismo da Constituição*, el sociólogo brasileño muestra conocer también la otra gran obra de Manoïlescu, *Il Partito único* (1933), con la cual discute sobre la imposibilidad de reproducir en Brasil las mismas condiciones de mística fascista del pueblo italiano y del alemán, condición fundamental para que el partido único pueda ejercer su papel histórico de movilizar las masas en el estado totalitario[159].

Pero es sin embargo en el tema más específico de la apropiación del corporativismo fascista que Vianna encuentra en la doctrina de Manoïlescu los elementos para corroborar su teoría del estado corporativo, dado que el intelectual rumano, aunque reconoce el mérito del fascismo italiano por haber redescubierto el corporativismo como respuesta a la crisis del liberalismo y a la tragedia de la Primera Guerra Mundial, teoriza que el «corporativismo integral», lejos de ser solo un dirigismo económico subordinado al PNF, pilar central del Estado totalitario, es sobre todo un modelo de organización de todos los aspectos de la vida nacional, que ve al Estado y a las corporaciones, concebidas como fuentes legítimas del poder público, fusionarse en el gobierno político, económico y social de la nación (sindicato único, justicia del trabajo, socialización de los medios de producción).

En la visión de Manoïlescu, es un dato para subrayar, la misma versatilidad del corporativismo lo hace compatible tanto con países que se encuentran en un estadio industrial avanzado, como con países rurales, la «periferia» del

---

158. OLIVEIRA VIANNA, F. J. *Problemas de Direito Corporativo*, cit., pág. 83; TEIXEIRA DA SILVA, F. «The Brazilian and Italian labour courts: Comparative notes», en *International Review of Social History*, núm. 55, 2010, págs. 381-412.

159. OLIVEIRA VIANNA, F. J. *O idealismo da Constituição*, 2.ª ed., Companhia Editora Nacional, Rio de Janeiro, 1939.

capitalismo, con una fuerte presencia de los militares en los centros neurálgicos del poder, es el caso de Rumanía y Brasil en los años treinta, lidiando con el despegue industrial.

En la senda del político rumano, Oliveira Vianna considera el corporativismo y el sindicalismo como los modelos más modernos de organización nacional (stato, política, economía y sociedad), destinados a caracterizar la historia del siglo XX, más allá del fascismo, así como el liberalismo había caracterizado el Siglo XIX. El Estado corporativo-sindical, en su visión, es por lo tanto compatible con los diferentes estadios de desarrollo económico-social de cada nación, sirviéndose de las funciones específicas de las corporaciones y de las organizaciones sindicales.

Sin embargo, Vianna rechaza la teoría del partido único de Manoïlescu, considerada incompatible con la psicología colectiva del pueblo brasileño. Al mismo tiempo, intenta distanciarse de A. Rocco, dado que, si para el jurista italiano el corporativismo es esencialmente la «tercera vía» dirigista entre liberalismo y comunismo, para Vianna, en cambio, el problema no se reduce solo a la cuestión económica. El corporativismo, una vez desvinculado de su estructura totalitaria bajo el control del partido único y repensado en la forma «integral» de Manoïlescu, debe ser modelado en armonía con la estructura antropogeográfica, económica y profesional brasileña.

Por lo tanto, la esencia más profunda del autoritarismo de Oliveira Vianna —antimarxista, nacionalista, sindicalista y corporativo— cuyo objetivo es llevar a Brasil hacia la «democracia social», reside en la capacidad de apropiarse, en sintonía con la realidad brasileña, de los modelos de organización política, económica y social elaborados en Europa entre las dos guerras.

Además, Vianna recupera de Manoïlescu la idea de que el corporativismo, como principio de organización y movilización integral de las masas en las corporaciones, realiza el objetivo final de la nación, que de otro modo se presentaría como un complejo amorfo de individuos desorganizados, en el centro del cual hay un Estado muy frágil en relación con su prerrogativa fundamental de depositario de la autoridad.

Se trata de un corporativismo muy amplio, en el cual la concepción idealista de la nación como «espíritu vivo» se une a la idea positivista de la nueva función del Estado como organizador del mundo de la producción en el «superior interés de la nación», con la ayuda de las corporaciones.

La teoría de Manoïlescu satisface plenamente a Vianna, jurista y sociólogo comprometido en dar forma al pueblo brasileño. Del corporativismo del economista rumano, el ideólogo del *Estado Novo* absorbe los elementos que pueden ser útiles para la realidad brasileña, mientras que del fascismo recupera la estructura sindical-corporativa del Estado, no sin caer, sin embargo, en algunas contradicciones.

De hecho, si su autoritarismo se presenta como necesario en la perspectiva de crear las condiciones de la «democracia social», también en virtud de su rechazo al partido único totalitario, ¿por qué luego acepta el principio fascista de la absorción del sindicato en el Estado corporativo? A nuestro juicio, en sintonía con el proyecto fascista del «Estado Nacional del Trabajo», que busca transformar radicalmente la sociedad nacional en un sentido corporativo, Vianna se apropia del significado más moderno de la ley Rocco: la absorción de los elementos constitutivos de la civilización industrial y la incorporación de los intereses sindicales parciales en la totalidad del Estado. Así, se vacía la esencia antagonista del sindicato, incorporándolo en el Estado y legitimándolo como sujeto de derecho público.

La apropiación de las teorías de Manoïlescu y de Rocco en el pensamiento de Vianna da vida a un modelo corporativo multidimensional en el que se entrelazan cuatro dimensiones.

La dimensión económica. El corporativismo como «tercera vía» para responder eficazmente a la crisis económica de 1929, a través de la intervención del estado en la economía, con una perspectiva necesariamente *nacional-desenvolvimentista* e industrial. El objetivo es romper la dependencia de Brasil del mercado internacional.

La dimensión ideológico-política. El corporativismo como momento de realización máxima del Estado autoritario, surgido para nacionalizar las masas *amorfas* y sin educación. Para la derecha nacionalista y autoritaria, de la cual Oliveira Vianna fue un exponente destacado, el Estado corporativo habría resuelto el problema de la distancia entre el Brasil cristalizado en la constitución de 1891 y el Brasil «real» de la miseria, la ignorancia, la falta de cultura política y de educación.

La dimensión social. El Estado corporativo como respuesta preventiva al peligro de una revolución comunista en Brasil. A tal fin, era necesario neutralizar el conflicto de clases, que inevitablemente surgiría en las contradicciones del despegue brasileño, así como había ocurrido en las naciones más desarrolladas, incorporando el sindicato en el Estado a cambio de una legislación laboral, en protección del trabajo, para dar una nueva representación social bajo el signo de la solidaridad, la conciliación y la armonía entre las clases.

La dimensión tecnocrática. El corporativismo del siglo XX como apogeo de una época de «pensamiento estratégico»[160] caracterizado por la racionalización en los procesos productivos, la administración, la división técnica y la organización científica del trabajo, que en el plano político implicaba la sustitución de la «vieja política» por la nueva administración «técnica» y corporativa del Estado.

---

160. SALSANO, A. *L'altro corporativismo: tecnocrazia e managerialismo tra le due guerre*, Il Segnalibro, Torino, 2003.

IV

MÁS ALLÁ DEL AUTORITARISMO Y EL FASCISMO. *QUEREMISMO* Y (NEO) *TRABAJISMO* ENTRE LOS AÑOS CUARENTA Y PRINCIPIOS DE LOS AÑOS CINCUENTA

1. El contexto histórico y las bases ideológico-políticas de la transición del *Estado Novo* a la democracia

Mientras el *Estado Novo* se apropiaba de los elementos principales del corporativismo fascista, al estallar la Segunda Guerra Mundial, G. Vargas, acompañado de sus colaboradores, diseñaba la nueva estrategia geopolítica de Brasil en el marco de las alianzas que se estaban configurando, proyectándolo ya en los escenarios de la posguerra, en virtud de su pragmatismo político, rasgo característico de toda su carrera política.

A pesar de nunca haber ocultado su cercanía ideológica y política al fascismo italiano, como hemos visto, Vargas era titubeante sobre la elección de aliarse con el *nazifascismo*. Por otro lado, los lazos con los EE. UU. siempre habían sido fuertes, también porque estaban alimentados por la estrategia estadounidense de ampliar las relaciones internacionales en América Latina, en la convicción de que la explosión de la guerra, de alcance mundial, era inminente.

Hacia finales de los años treinta, el gobierno de los Estados Unidos elaboró una estrategia de acuerdos económicos para desvincular a Brasil, necesitado de grandes inversiones para financiar la industrialización, de la órbita de la Alemania nazi. Baste pensar que el ministro de Relaciones Exteriores, Osvaldo Aranha, se trasladó a los EE. UU., por invitación personal de Roosevelt, para firmar cinco acuerdos por un valor de 50 millones de dólares.

Además, el acercamiento al Eje, que no se podía excluir al menos hasta 1940, habría convencido a Roosevelt y a los altos mandos norteamericanos de preparar un desembarco en Brasil. Los ingentes apoyos económicos convencieron a Vargas de aliarse con los EE. UU., lo cual hizo, enviando también un contingente militar a Italia[161].

En el ámbito de la política interna, la alianza con los EE. UU. se estaba preparando a lo largo de dos ejes centrales.

El primero era la redefinición del vínculo con los militares, que habían sido uno de los principales sostenedores del régimen varguista desde la «Revolución de 1930»[162].

El segundo era la intensificación del vínculo con la clase trabajadora[163].

En el primer aspecto, de la relación con las fuerzas armadas, hemos observado en las páginas anteriores que entre el golpe de 1937 y la consolidación del *Estado Novo*, los militares jugaron un papel clave en la elaboración de la «doctrina de la seguridad nacional», bajo la bandera del anticomunismo[164] y de la militarización de la sociedad civil.

Pensemos en el general Pedro A. Góis Monteiro, Jefe de Estado Mayor del Ejército brasileño desde 1937 hasta 1943, gran admirador del fascismo y sobre todo del nazismo. Durante el *Estado Novo*, Monteiro se encuentra entre los principales teóricos de la «ideología del militar-político», elaborada en continuidad con el tradicional papel de militar-arbitro de la lucha política, como respuesta a la ineficiencia de las élites políticas y a la «incapacidad» del pueblo brasileño para dotarse de instituciones liberaldemocráticas.

La «doctrina Monteiro» está claramente formulada en *La revolución del Trenta y la finalidad política del ejército* (1934), la primera teoría de la «seguridad nacional», cuya legitimidad se encuentra en la ideología de la intervención militar en política, y en la reformulación del argumento del «peligro comunista», sobre la base de la idea, compartida por Vargas y sus colabora-

---

161. El 31 de agosto de 1942 se declaró la guerra a Italia y Alemania. En 1944, el contingente brasileño, aliado del ejército aliado, ayudó a liberar algunas pequeñas ciudades del centro-norte de Italia. En total murieron 450 soldados brasileños, enterrados en el cementerio de Pistoia ya en 1960 y luego trasladados al Museo de los Muertos de la Segunda Guerra Mundial de Río de Janeiro.

162. Stepan, A. *The Military in Politics: Changing Patterns in Brazil*, Princeton University Press, Princeton, 1971; Comblin, J. *A ideologia da segurança nacional*, Civilização Brasileira, Rio de Janeiro, 1978; Couto e Silva, G. *Conjuntura política nacional: O poder executivo & Geopolítica do Brasil*, José Olympio, Río de Janeiro, 1981 (3.ª ed.); Trevisan, L. *O pensamento militar brasileiro*, Global, São Paulo, 1985; *Ernesto Geisel*, coordinadoras M.C. D'araujo, C. Castro, Editora FGV, Rio de Janeiro, 1997; Abreu, L. A. *De Vargas aos militares: autoritarismo e desenvolvimento econômico no Brasil*. EdiPUCRS, Porto Alegre, 2014; *Militares e política no Brasil*, coordinadores J.R. Barbosa «y otros», Expressão Popular, São Paulo, 2018.

163. Además de Castro Gomes, Â. M. *A invenção do Trabalhismo*, cit.; Paranhos, A. *O Roubo da Fala: Origens da Ideologia do Trabalhismo no Brasil*, Boitempo, São Paulo, 1999; Ferreira, J. *O imaginário trabalhista: getulismo, PTB e cultura política popular (1945-1964)*, Civilização Brasileira, Rio de Janeiro, 2005.

164. Patto Sá, R. *En guardia contra el peligro rojo*, cit.

dores, de que un Estado fuerte y autoritario es el mejor modelo para construir el orden institucional.

Sobre tales premisas se habían articulado lo que el historiador Murilo de Carvalho ha definido como las primeras dos fases del vínculo entre Vargas y los militares: el «enamoramiento», que va de la «Revolución de 1930» al *Estado Novo*, y la «Luna de miel», de 1937 a los primeros años cuarenta.

En ambas fases, los militares, además de intervenir una vez más en la historia brasileña —como testifica el papel central de árbitro de la política nacional desempeñado por el mariscal Deodoro da Fonseca en el nacimiento de la Primera República—, se convertían en políticos a todos los efectos, obteniendo puestos estratégicos en el gobierno provisional y posteriormente en el *Estado Novo*, de acuerdo con el proyecto varguista de usarlos como contrapeso al poder de las tradicionales oligarquías agroexportadoras y de los sectores del liberalismo empresarial paulista.

La tercera fase, del «divorcio» (1943-1964), es la que nos interesa más de cerca, ya que marca la crisis del idilio con los militares, cuando Vargas alimenta la alianza con los EE. UU. mediante la creación de una amplia legislación sindical y *trabalhista*, cuyo centro elaborador y difusor es el Ministerio del Trabajo, dirigido por A. Marcondes Filho. El ministro tuvo no solo un papel destacado en la intensificación del control estatal sobre las organizaciones sindicales, sino sobre todo en las relaciones con la clase trabajadora, a la cual se dirigía en el programa radiofónico *A Hora do Brasil* (La Hora de Brasil), entre 1942 y 1943, mientras Brasil entraba en guerra, con llamados a la unidad de todas las fuerzas productivas para colaborar en el «superior interés de la nación»[165].

Si, por un lado, como hemos mostrado, la legislación laboral y la CLT se inspiraban claramente en el corporativismo fascista, con la tarea de resolver el problema social, dando ciudadanía a cambio de consenso al proyecto autoritario de Vargas; por otro lado, una de las concesiones a los EE. UU. era la introducción de algunos principios del *New Deal*, entre los que se encontraba la intervención masiva del Estado en la economía.

Se sentaban las bases de la transformación de la dictadura en un nacional populismo *desenvolvimentista*, modelado sobre los principios de la democracia social y orgánica, más allá del fascismo y el *Estado Novo*, en sintonía con una posible victoria de la guerra por parte de los Aliados.

La colaboración de los sindicatos, e incluso del Partido Comunista Brasileño, que el mismo Vargas había desmembrado con el golpe de 1937, la elaboración de la doctrina del *Trabalhismo*, eran los pilares de una estrategia destinada a crear la imagen de Vargas «Padre de los trabajadores y de los pobres», alimentada también por los principales ideólogos del *Estado Novo*.

---

165. MARCONDES FILHO, A. *Trabalhadores do Brasil!*, versión digital ebooksbrasil, 2002.

Son temas que es necesario analizar en profundidad, ya que se trata de una elaboración ideológico-política fundamental para comprender la transición del *Estado Novo* a la democracia social y orgánica.

2. Azevedo Amaral y Karl Lowenstein: totalitarismo, autoritarismo y democracia orgánico-social

Hemos decidido detenernos en uno de los principales ideólogos del régimen varguista, Azevedo Amaral, ya que nadie mejor que él ha sabido diferenciar el autoritarismo brasileño del totalitarismo *nazifascista* en el debate ideológico-político de los años treinta, hasta el punto de ser una de las principales fuentes del eminente constitucionalista judío alemán Karl Lowenstein, enfrentado al estudio del derecho constitucional autoritario brasileño[166].

En exilio en los Estados Unidos tras la llegada al poder de Hitler y del nazismo en 1933, Lowenstein dedicó gran parte de su vida de estudioso a los valores de la democracia liberal. Entre 1941 y 1942, emprendió una misión de investigación en Sudamérica, financiada por la Fundación Guggenheim, para estudiar el «hibridismo» de las constituciones latinoamericanas, caracterizadas por la convivencia de elementos totalitarios y autoritarios. Se trataba de un tema poco estudiado en el debate político-jurídico de la época, a pesar de la base de derecho romano común tanto a América Latina como a Europa continental y a los países anglosajones. Sin embargo, más allá de las motivaciones científicas, el estudio de la constitución del «*Estado Novo*», profundizado en el libro *Brazil under Vargas*, era parte de la estrategia de acercamiento entre Estados Unidos y Brasil.

En los escenarios de la geopolítica estadounidense, el «gigante sudamericano» era considerado un estado clave, y desde enero de 1942, también un aliado en la lucha contra el *nazifascismo*.

La cuestión central del libro es si Brasil puede alinearse con justicia al lado de las democracias occidentales, dada la dificultad de ubicar el «eclecticismo» del *Estado Novo* —que mezcla autoritarismo, liberalismo, corporativismo, catolicismo e incluso socialismo— entre las constituciones democráticas. El libro está, por tanto, escrito con el propósito de liberar al estado de Vargas de las etiquetas de totalitario y fascista, impuestas sobre todo por los opositores liberales del régimen, para asociarlo a las categorías de autoritarismo, sino incluso para presentarlo como una democracia, aunque con rasgos autoritarios, a los ojos de Estados Unidos.

Vamos por partes. El punto de partida del análisis debe ser, por lo tanto, el paso teórico del estado autoritario al estado democrático en el pensamiento de A. Amaral.

---

166. Dultra dos Santos, R. *Teoria constitucional, ditadura e fascismo no Brasil*, cit., págs. 117-149; Rosenfeld, L. *Revolução Conservadora*, cit., p.72.

En su obra más famosa *O Estado autoritário e a realidade nacional*, al examinar los rasgos característicos del *Estado Novo*, Amaral teorizó que se trata de una organización esencialmente de tipo democrático. A su juicio, la adopción del principio autoritario como postulado fundamental de la organización estatal no contradice la fisonomía democrática del régimen. Y para sostener su teoría, Amaral va a las raíces del vínculo libertad-autoridad en la tradición política moderna.

La experiencia histórica del régimen liberaldemocrático muestra que el concepto de autoridad —que para Amaral se presenta históricamente también en el Estado autoritario— está armoniosamente integrado al de democracia. De hecho, las crisis de las sociedades liberales contemporáneas son tales que hacen que los gobiernos autoritarios sean tan necesarios que, si fueran inadecuados al régimen democrático, sería la democracia la que tendría que ser sacrificada, dado que el autoritarismo se ha convertido en una cuestión de salvación colectiva en la actual coyuntura mundial.

Mientras que el totalitarismo, fascista y comunista, se opone a la liberal-democracia, el Estado autoritario puede armonizarse perfectamente con el gobierno democrático[167]. Sin embargo, Amaral va más allá, también debido a su formación impregnada de darwinismo social y evolucionismo, afirmando que solo una forma de gobierno autoritario es capaz de permitir el normal desarrollo de la democracia y de sus instituciones, para hacerlas adecuadas a las soluciones de los problemas cada vez más complejos que se presentan en todos los aspectos de la vida de las naciones contemporáneas.

El *Estado Novo*, organizado en la constitución de 1937, está pensado en armonía con su visión teleológica de la historia, ya que se manifiesta en la historia de Brasil en el momento exacto, indicando un horizonte salvador no solo para el pueblo brasileño, considerado incapaz de darse una forma e instituciones liberal democráticas, sino también para el Occidente amenazado por los totalitarismos.

Dos son, de hecho, las características peculiares del *Estado Novo*, la democracia y el nacionalismo. Se funden en una unidad armoniosa, que representa el equilibrio entre los rasgos originarios de la formación de la nación brasileña y el sentido histórico que se debe atribuir al futuro. El *Estado Novo* es, por lo tanto, democrático porque es nacionalista. El nacionalismo como proyecto de construcción de la nación no puede más que producir democracia orgánica.

Si en la ideología liberal democrático-clásica, el Estado no era más que un aparato cuyas funciones se limitaban a coordinar o, más precisamente, a establecer una cierta sintonía entre intereses e iniciativas individuales —en el ejercicio de atribuciones restringidas al ámbito judicial y de policía—, ocupando, por lo tanto, una posición relativamente reducida respecto a la socie-

---

167. AMARAL, A. *O Estado autoritário*, cit., págs. 96-107.

dad e inequívocamente subordinada, el concepto de Estado en el siglo XX es, en cambio, radicalmente diferente. La tendencia del pensamiento político contemporáneo está orientada hacia la coincidencia de la esfera estatal con la esfera social. En tal perspectiva, la teoría totalitaria, tanto en la variante fascista como en la comunista, es interpretada por Amaral como la absorción de la realidad social en el Estado totalitario, dado que conduce el nacionalismo a su radicalización extrema.

Entre los dos modelos opuestos —el Estado que se limita a regular las actividades individuales, según la doctrina de la democracia liberal y el Estado totalitario, comunista o fascista— se sitúa el Estado autoritario, representado por el *Estado Novo* brasileño, en perfecta armonía con la formación histórica del pueblo brasileño.

Tanto el Estado liberal como el Estado totalitario intentan transformar la personalidad humana, entre cuyas manifestaciones hay actividades de naturaleza psicológica y material, irreductibles al control total del Estado.

Al contrario, el Estado autoritario brasileño no apunta a la transformación de la naturaleza humana ni a la compresión de la realidad social en los aparatos estatales, como demuestran los artículos de la constitución de 1937, dedicados al orden económico-social y al orden espiritual y cultural, cuyo cometido es establecer las líneas de demarcación entre la acción estatal y las iniciativas propias del individuo y de los grupos que forman el conjunto de la colectividad.

Pero la clara distinción entre lo que pertenece al Estado y la esfera de la actividad social, económica y cultural, no conlleva ninguna restricción de la identificación del Estado y la nación en una unidad cohesiva e indisoluble.

De hecho, las libertades garantizadas al individuo en el ámbito económico-social por la constitución de 1937 determinan solo una participación «democrática» más consciente, espontánea y efectiva de cada hombre en el conjunto de la vida social y, por lo tanto, también en las actividades del Estado.

Según Amaral, la principal consecuencia política de la simbiosis Estado-nación consiste en la novedad histórica de la coincidencia entre el Estado y la colectividad nacional, en la convicción de que, en las liberal democracias, el sistema representativo, identificado con el liberalismo, ha reducido el Estado exclusivamente a un instrumento de un grupo social del cual los partidos ganadores de las elecciones eran el órgano de expresión política. El Estado autoritario de Vargas, por lo tanto, pretende reivindicar con fuerza su carácter nacional, moldeado según las necesidades específicas del pueblo brasileño, con el cual todos los individuos y grupos sociales, cualquiera que sea la creencia y las opiniones que profesan, se identifican, sin embargo, sin perder la libertad de iniciativa, especialmente en materia de conciencia y opinión. Las libertades individuales no pueden comprometer, sin embargo, un elemento esencial de la ideología y de la estructura del estado autoritario.

En armonía con su organización y con las directrices que lo orientan en su misión de crear la nación brasileña, el *Estado Novo* garantiza libertad de conciencia y amplia expresión de pensamiento dentro de los límites de la seguridad nacional.

Sobre esta base, según Amaral, descansa la esencia más profunda de la ideología y del proyecto político de nación del *Estado Novo*, no asimilable al totalitarismo *nazifascista*.

A las teorías de Amaral y de otros teóricos del *Estado Novo*, que buscan abrir el camino a la transformación del estado autoritario en una democracia orgánica y social, apoyada por la legislación laboral, se suma la reflexión del constitucionalista C. Loewenstein.

Brazil under Vargas, escrita con la consulta de los mayores constitucionalistas brasileños y sobre todo con el apoyo de los principales arquitectos del *Estado Novo*, recorre las principales etapas de la formación de Brasil, desde la colonización hasta la República, para llegar finalmente a la *Era Vargas*.

Son evidentes las influencias del constitucionalista F. Campos en la parte sobre la constitución del *Estado Novo*, mientras que de A. Amaral se recupera el concepto de nacionalismo económico-social.

Para responder a la cuestión central de la obra, la asimilación o no del *Estado Novo* al fascismo, Lowenstein observa que el régimen de Vargas no es una democracia parlamentaria, ya que las instituciones parlamentarias prometidas por la Constituyente de 1933-1934 no se han puesto en marcha. No es tampoco el gobierno del pueblo. Definir a Brasil como una democracia «disciplinada», como les gusta hacer a los ideólogos del régimen, es poco más que un juego de palabras. Una democracia puede ejercer la autodisciplina; pero la ausencia de procesos racionales para expresar la voluntad popular priva al concepto de su sentido originario. No obstante, las voces disidentes de la opinión pública, incluso utilizando canales clandestinos, por más restringidos que puedan ser los límites de la libertad de expresión, son lo suficientemente fuertes como para imponer sus opiniones al punto de condicionar el poder político, aunque las decisiones políticas estén en manos de quienes ocupan los ganglios del poder del régimen de Vargas.

No hay, por tanto, duda de que Brasil es una dictadura en todos los aspectos; las normas de derecho que rigen la sociedad política no son fruto de la soberanía popular, sino «concedidas» por el gobierno, desde arriba. Pero no se trata de un totalitarismo al estilo nazi, ni de un totalitarismo «imperfecto», al estilo del fascismo.

Entrelazando el análisis jurídico-constitucional con el análisis sociopolítico, el constitucionalista alemán sostiene que el *Estado Novo* es «autoritario». En cambio, «totalitario» se refiere a un proceso de movilización político-social permanente que pretende transformar la vida del ser humano desde el nacimiento hasta la muerte, subordinándola a las políticas públicas del Estado hasta la fusión total.

Un Estado totalitario es siempre un Estado autoritario; el control totalitario de la esfera privada puede realizarse solo a través del mando autoritario. Pero, a su juicio, un Estado autoritario no debe ser totalitario, como demuestra Brasil.

La vida privada, el derecho privado, la familia, los negocios, el tiempo libre no están controlados por el régimen, siempre que no obstaculicen las políticas públicas. La influencia que el Estado puede ejercer sobre tales manifestaciones de la vida privada es limitada. Si hay algo que se comparte comúnmente entre el pueblo brasileño es su arraigada aversión a todas las formas de intrusión totalitaria en su vida privada.

En el extranjero, observa Lowenstein, el régimen varguista a menudo se define como «fascista», un concepto equívoco, utilizado con poca precisión.

Un estado fascista es tanto autoritario en la forma de gobierno como totalitario en la forma de control estatal de la vida privada. El fascismo es un tipo de gobierno totalitario, el bolchevismo otro. Un estado fascista generalmente posee un partido único a través del cual el gobierno controla la vida pública y privada. En cambio, la dictadura de Vargas —observa el constitucionalista— se limita a prohibir la formación de partidos y movimientos, pero no crea el partido-estado único (un Estado no partidista)[168].

La administración pública es llevada a cabo por burócratas, elegidos de manera independiente de sus convicciones políticas, a excepción de aquellos que son abiertamente enemigos del régimen. Un estado fascista liquida las instituciones liberales democráticas, a los enemigos políticos y de clase, y a las minorías raciales y de género. Nada de esto ocurre en el *Estado Novo*, a su juicio.

Además, en un estado fascista la clase dirigente tradicional es reemplazada por una nueva clase o por segmentos de la población que ejercen el poder político en nombre de un desprecio deliberado por los valores liberal-democráticos. En Brasil, en cambio, las oligarquías político-sociales continúan ejerciendo el control político[169].

Sin embargo, Lowenstein está dispuesto a reconocer que los escritos de Campos y los discursos de Vargas muestran claras influencias fascistas. Pero las leyes fascistas no constituyen un estado fascista en su totalidad, porque las leyes autoritarias o fascistas son aplicadas por estados democráticos, en condiciones particulares de estado de emergencia. Además, el gobierno y los tribunales en Brasil aplican con parsimonia las leyes «fascistas» existentes; el posible rango de arbitrariedad está estrictamente limitado a las actividades consideradas subversivas o claramente en conflicto con las políticas públicas. En las otras esferas del poder público, la vida cotidiana está regulada por el estado de derecho, aunque se haya restringido el alcance de las libertades de expresión político-social.

---

168. LOWENSTEIN, K. *Brazil under Vargas*, cit., pág. 177.

169. LOWENSTEIN, K. *Brazil under Vargas*, cit., pág. 177.

El arbitrio de las autoridades, dentro de los límites impuestos por el *ius positum*, se encuentra, sin embargo, frenado por el carácter tolerante y liberal del pueblo brasileño, del cual el grupo dirigente no puede más que sentirse parte integrante.

Desde el punto de vista sociológico, el Brasil de Vargas presenta una estructura social similar a la de otros países sudamericanos: una oligarquía dominante y una élite dirigente, burguesa y altamente cualificada, gobiernan el país en todos los aspectos.

Sin embargo, el régimen necesita dialogar con los sectores liberales y productivos del país; el monopolio de poder de las élites encuentra su contrapeso en la inclusión, aunque pasiva, de las clases trabajadoras en el Estado mediante las leyes sociales.

En definitiva, es un proyecto de igualdad social, afirma Lowenstein. En resumen, el régimen de Vargas no es ni democrático, ni totalitario, ni fascista, es una dictadura autoritaria, o más precisamente un «régimen personalista» —retomando la teoría constitucional francesa— dominado por la figura de Getúlio Vargas, quien ejerce sus poderes, teóricamente ilimitados, dentro de los límites impuestos por los sectores liberal-democráticos de la nación. Más allá de las rígidas taxonomías que la ciencia política impone, la pregunta que debe hacerse, según Lowenstein, es si tal forma de gobierno y técnica de control social es compatible con el pueblo brasileño. Y el constitucionalista llega a la conclusión de que el autoritarismo de Vargas logró navegar entre la tentación totalitaria, con todo lo que ello implica, y la crisis del Estado liberal, incapaz de representar a la sociedad de masas. Sin necesidad de introducir la mística fascista, Brasil, bajo Vargas, emprende el proceso de desarrollo nacional, con la convicción de alinearse pronto con las naciones más avanzadas de Occidente.

3. Del *Queremismo* al (neo) *Trabalhismo*

Mientras los ideólogos del *Estado Novo* legitimaban en el plano teórico la transición del autoritarismo a la democracia, en el plano político-operativo Vargas, siguiendo en ciertos aspectos la alianza entre Perón y la clase trabajadora argentina, involucraba a las masas trabajadoras, históricamente excluidas, en el proyecto *nacionaldesenvolvimentista* mediante la concesión de derechos sociales a cambio de consenso.

En las intenciones de amplios sectores de la clase dirigente del *Estado Novo*, el paso a la democracia debía ocurrir en el marco del mito de Vargas como padre fundador del estado contemporáneo brasileño. En esta perspectiva, las principales directrices del modelo de desarrollo brasileño eran elaboradas en el ámbito de las actividades de la Fundación Getúlio Vargas (FGV), criada en 1944), cuando un grupo de economistas liderado por Eugênio Gudin comenzó a proponer desde las columnas de la *Revista Brasileira de Economia* y de la revista *Conjuntura Econômica* nuevas teorías sobre los problemas económicos brasileños.

Se establecían así las premisas de la crisis del vínculo con los militares. No es que la corporación estuviera unida en la decisión de alejarse del nuevo curso del *Estado Novo*, sin embargo, el núcleo duro de los militares estaba asustado por el giro populista sostenido por el régimen de Vargas. Pensemos en los generales Góis Monteiro y Eurico Gaspar Dutra, pero también en los generales Juracy Magalhães y Juarez Távora, y en el brigadier Eduardo Gomes, candidato a la presidencia de la República en 1945, que dejaban de lado sus temores para unirse en el intento común de derrotar al *nazifascismo*, luchando por la libertad y la democracia al lado de los Aliados.

Es en este contexto que ocurre el delicado y arduo proceso de transición del *Estado Novo* a la democracia, la cual, por un lado, se sitúa en continuidad con el «Vargas dictador autoritario» cercano al *nazifascismo*, pero se abre, por otro lado, al «Vargas populista, benefactor de los trabajadores», creador de los nuevos movimientos políticos y sociales de transformación, expresión de un Brasil que está cambiando rápidamente su rostro de país rural para entrar en el grupo de los países industrializados.

De hecho, ya hacia finales del *Estado Novo*, se sientan las bases para la creación de los partidos políticos nacionales que tendrían gran importancia en la movilización de las masas desde ese momento hasta el golpe militar de 1964: la Unión Nacional Democrática (UDN), que reunía la mayoría de las oposiciones liberales; el Partido Socialdemócrata, heredero de la estructura política y propagandística del *Estado Novo*, y el Partido Laborista Brasileño (PTB), cuya base era el movimiento sindical controlado por el Ministerio del Trabajo durante el *Estado Novo*.

Mientras la UDN apoyaba la candidatura de E. Gomes, el PSD lanzaba la del general E. Gaspar Dutra. El PTB, por su parte, estaba dispuesto a apoyar a Vargas, si el exdictador levantaba sus reservas sobre una posible candidatura a presidente de la República.

Sin embargo, Vargas, a pesar de seguir gozando de gran prestigio y popularidad, cedió a las presiones de los militares que lo destituyeron, entregando el proceso de transición en manos del General E. Gaspar Dutra, quien, después de convocar la Asamblea Constituyente, promulgó la constitución de los Estados Unidos del Brasil, el 18 de septiembre de 1946, que restablecía las libertades garantizadas en la constitución de 1934 y suprimía la de 1937. No obstante, la carta de 1946 recupera sin modificaciones sustanciales la legislación social, de corte corporativo, del *Estado Novo*.

La frágil democracia brasileña nace, por tanto, bajo el signo del conflicto entre lo viejo y lo nuevo. A las presiones de las fuerzas conservadoras y autoritarias, en continuidad con las viejas oligarquías y con el apoyo de las fuerzas armadas, contrarresta la amplia participación de sectores populares y urbanos, empeñados en defender los derechos sociales garantizados por la CLT, en el marco de un proceso democrático que tome distancia de las tradicionales camarillas políticas, bajo la guía de Vargas, «padre de los trabajadores», aclamado como el nuevo presidente, con el apoyo de la clase trabajadora urbanizada, e incluso del Partido Comunista Brasileño. Se trata del *Queremismo*, un movimiento político de masas, de carácter nacional, surgido en mayo de 1945, con el objetivo de apoyar la candidatura de Vargas a las primeras elecciones presidenciales después del fin del *Estado Novo*, contando también con el apoyo de sectores empresariales y de una parte consistente de la opinión pública y de los medios de comunicación[170].

En el asombro general, las plazas de las grandes metrópolis se llenaban de cientos de personas —sobre todo obreros y estudiantes universitarios— que pedían el cambio al grito de «¡Queremos a Getúlio!».

**[FOTO] 10. Los partidarios de Vargas
defienden su permanencia en el poder.**

De acuerdo con algunos de los estudios más significativos sobre el tema, sería sin embargo reductivo interpretar el *Queremismo* como el producto

---

170. FERREIRA, J. «A transição democrática de 1945 e o movimento queremista», en *O Brasil Republicano*, vol. III, *O tempo da experiência democrática (1945-1964)*, cordinadores J. Ferreira, L. Delgado, Civilização Brasileira, Rio de Janeiro, 2011, págs. 12-45.

a secas del «mito» de Vargas, «padre de los pobres y de los trabajadores», hábilmente difundido por los aparatos propagandísticos fascistas del DIP durante el *Estado Novo*, con el apoyo del ministro del trabajo M. Filho y del jurista J. Segadas Vianna, entre los principales elaboradores de la legislación *trabalhista*.

Es la tesis liberal, circulante sobre todo en los ambientes empresariales paulistas de la inmediata posguerra, según la cual el *Queremismo* no sería más que el producto de la popularidad de Vargas entre algunas categorías de trabajadores manipuladas por el *Estado Novo*.

En verdad, el *Queremismo* era la expresión de un complejo de experiencias económico-sociales, políticas y culturales de las masas trabajadoras enfrentadas a la creación de una identidad colectiva ya en el conflicto de clases surgido de la primera industrialización durante la Vieja República liberal. Y al mismo tiempo, el eslogan «¡Queremos a Getúlio!» expresaba el temor ampliamente difundido en la clase obrera urbana de que las oligarquías latifundistas y las élites liberales de las grandes metrópolis pilotarían la transición a la democracia, sin el contrapeso de la presencia paternalista de Vargas, con el peligro de perder el estatus de ciudadano-trabajador, titular de derechos sociales, arduamente ganado en los años treinta. En este punto, la defensa del *Trabalhismo* —depurado de su matriz fascista e identificado simbióticamente con Vargas, el *getulismo*— se convertía en el núcleo de la lucha político-social de los trabajadores contra el «salto en la oscuridad» de los partidarios de la transición a la democracia en el marco de los principios del individualismo, del libre mercado y del desmantelamiento del estado social varguista.

Entre las masas trabajadoras, enfrentándose a la suspensión de los derechos sociales durante la entrada de Brasil en la Segunda Guerra Mundial y la erosión del poder adquisitivo de los salarios, se abría paso la convicción de que el desarrollo del país estaba ligado a un proceso de construcción de una democracia orgánica y social, capaz de proteger los derechos de los trabajadores. Era necesario entonces defender la legislación laboral, promulgada por etapas entre 1930 y 1945. Sobre estos problemas nació en 1945 el Partido Laborista Brasileño/PTB.

El objetivo de su núcleo fundador, proveniente en su mayoría del sindicalismo de Estado durante el *Estado Novo*, era crear un sujeto político capaz de pensar las necesarias reformas económico-sociales de las que el modelo de desarrollo nacional brasileño necesitaba, en el marco de la nueva división internacional del trabajo en la inmediata postguerra.

Pronto el PTB, creado para dar una respuesta a las necesidades aún embrionarias de la clase trabajadora urbanizada, se convirtió en un partido ideológicamente definido y reformista. Su crecimiento progresivo se registró en todas las convocatorias electorales de los años cincuenta y sesenta, hasta el golpe militar de 1964.

Adaptando el *Trabalhismo* de los años treinta a la nueva coyuntura, los teóricos del partido identificaban en el trabajo el motor para dar un rostro más humano al capitalismo brasileño.

En este horizonte se articula entre finales de los años cuarenta y principios de los años cincuenta la propuesta teórico-política de Alberto Pasqualini, intelectual de sólida formación humanística, uno de los principales fundadores del PTB e ideólogo destacado de la corriente «(neo)trabalhista», quien mira con interés la Encíclica *Rerum Novarum*, el corporativismo fascista, las mejores experiencias del Estado de Bienestar europeo y el laborismo inglés.

Sin embargo, el teórico del PTB sostiene que ninguna de tales propuestas de organización del Estado es adecuada para Brasil.

El fascismo intentó responder con la vía italiana al totalitarismo ante la urgencia de la cuestión social después de la Primera Guerra Mundial, mientras que en Inglaterra prevaleció el laborismo. En cambio, la peculiar formación clanico-parental de Brasil no permite importar proyectos de Estado pensados para sociedades de masas avanzadas como son las grandes naciones europeas. Dada la ausencia de un pueblo-nación y la retraso económico-social, Pasqualini, aunque con modulaciones diferentes a las de los teóricos de los años treinta, está profundamente convencido de que el «(neo)*trabalhismo*» es el modelo de relaciones Estado-mercado-sociedad más compatible con la vía específica brasileña hacia el desarrollo nacional. En *Bases e sugestões para uma política social*, el núcleo de la visión política de Pasqualini es la justicia social, pensada como la función primaria del Estado. Y para lograrlo, Brasil debe emprender un camino de profundas reformas estructurales capaces de reducir la desigualdad social y superar la dependencia económica, de manera que se cierre la brecha con los países de capitalismo avanzado[171].

Dejando de lado sus simpatías por el corporativismo italiano, el pensamiento de Pasqualini se dirige más bien hacia teorías basadas en el reconocimiento de la personalidad humana, en la estela de los filósofos católicos franceses Mounier y Maritain. El «(neo)*trabalhismo*» de Pasqualini se presenta, por tanto, como la «tercera vía» de la solidaridad social entre el capitalismo y el socialismo.

Aunque el capitalismo y el socialismo están caracterizados por una pluralidad de variantes en su interior, los dos extremos —por un lado, el egoísmo individualista, el imperialismo agresivo y sin escrúpulos; por otro lado, la violencia y la coerción comunista— son predominantes. Por ello, es necesario situar en el centro de la «tercera vía (neo)*trabalhista*» un nuevo proyecto de capitalismo solidario, regulado por el Estado bajo los principios de justicia social y cooperación.

---

171. PASQUALINI, A. *Obras Completas*, vol. I, *Bases e sugestões para uma política social*, Livraria São José, Rio de Janeiro, 1958.

El punto de partida es la idea, impregnada de organicismo social, de que toda forma de producción tiene como objetivo satisfacer las necesidades humanas, y, en consecuencia, debe existir un nexo de solidaridad entre tales necesidades, aquellos que poseen o coordinan los medios de producción y los trabajadores.

Pasqualini considera, por lo tanto, que debe establecerse un sistema de cooperación, regulado por una legislación justa, que por un lado atribuya a los capitalistas la parte que les corresponde, y por otro lado fije una cuota que tenga debidamente en cuenta la contribución del trabajador en la producción de la riqueza nacional, de acuerdo con los intereses generales de la colectividad.

El «capitalismo solidario» se concibe, entonces, en armonía con la idea de que el capitalismo, lejos de ser solo una herramienta productiva de lucro, es principalmente un medio de expansión económica y de bienestar colectivo. La «tercera vía (neo)*trabalhista*» y el capitalismo solidario se convierten así en expresiones equivalentes, dado que ambos se basan en el primado del trabajo y en la solidaridad entre las clases.

También en el pensamiento de Pasqualini, a pesar de que se intenta atenuar la clara matriz corporativa fascista del «(neo)*trabalhismo*» —como en los teóricos de la legislación *trabalhista* de Vargas (Amaral, Vianna, Segadas Vianna)—, aludiendo al laborismo, al *New Deal* o al nuevo curso de la solidaridad cristiana emprendido por la Iglesia católica, es evidente la referencia al «Estado Nacional del Trabajo» y a los «productores de la nación».

Ahora queda por ver qué quedaba del Estado corporativo en la transición del autoritarismo a la democracia, cuando Vargas decidió reingresar en la política tras el «exilio» impuesto por los militares. Por otro lado, el apoyo de las masas trabajadoras era de fundamental importancia para el exdictador, comprometido a conquistarlas con un programa político-económico centrado en la industrialización y en la legislación social *trabalhista* —salario mínimo, extensión de los derechos sociales a los trabajadores rurales, etc.—, desvinculada del modelo fascista italiano, para ser adaptada al nuevo contexto democrático.

Era uno de los dilemas centrales de su regreso a la política en 1950, dado que no era posible volver a proponer la fórmula autoritaria del primer gobierno Vargas de los años treinta. Ese movimiento sindical que él primero había desmantelado y luego reconstruido bajo el control del *Estado Novo*, se estaba ahora reorganizando y le pedía que mantuviera las promesas de cambio hechas en campaña electoral. Hubo, por lo tanto, huelgas para reclamar aumentos salariales, expansión de los derechos laborales, temas a los que Vargas no podía ser insensible, dada su enorme popularidad construida sobre la imagen del «padre de los trabajadores y de los pobres».

4. El segundo Gobierno Vargas: estado intervencionista en economía y permanencias corporativas en el campo de la «cuestión social»

En sus líneas esenciales, el escenario ideológico-político que hace de fondo a la candidatura de Vargas a las elecciones presidenciales de 1950 está marcado por el conflicto en el seno de los militares. Es uno de los leitmotiv de la campaña electoral. Por un lado, la corriente nacionalista favorable a la neutralidad de Brasil y al desarrollo industrial en la perspectiva del nacionalismo económico; por otro lado, la corriente «liberal», incorporando también a los militares entrenados en las escuelas de guerra estadounidenses, defensora de la alineación con los EE. UU. y de la apertura a los capitales extranjeros.

Después de haber derrotado a los candidatos de la UDN y del PSD, el exdictador es elegido presidente. El segundo gobierno de Vargas dura desde 1951 hasta 1954, año de su suicidio (fig. 11). En la búsqueda de un difícil equilibrio entre principios económicos ortodoxos (estabilización monetaria, lucha contra la inflación, apertura a los mercados internacionales), nacionalismo económico y populismo destinado a seducir a las masas trabajadoras urbanizadas, el segundo gobierno de Vargas, con el apoyo del PTB, abre un diálogo transclasista con las fuerzas armadas, el mundo empresarial y la clase trabajadora, invitados a dejar de lado el conflicto, para colaborar en su programa económico, político y social de desarrollo de Brasil[172].

El *nacionaldesenvolvimentismo* de los años cincuenta, sostenido por las teorías del desarrollo, está modelado sobre la intervención directa del Estado como actor principal de la modernización, pensada bajo el signo del nacionalismo político-económico, del bienestar social y de la democratización, mientras que la estructura corporativa de los años treinta y cuarenta continúa permaneciendo en el ámbito de la organización sindical y de los derechos sociales.

Es un proyecto económico-político ambicioso, a largo plazo, cuyos puntos clave son la industrialización pesada, la reducción de importaciones, la creación del mercado interno. Se constituyen sociedades públicas, nuevas agencias y comisiones para la formulación de políticas económicas, entre las que se encuentran el Consejo Consultivo Económico de la Presidencia de la República y la Comisión para el Desarrollo Industrial (CDI); se promueven las intervenciones infraestructurales (ampliación de la red vial, el plan nacional del carbón), y el nacimiento de empresas privadas nacionales.

---

172. *Cf.* Dutra Fonseca, P. C. *Vargas: o Capitalismo em Construção*, Brasiliense, São Paulo, 1989; *Idem*, «Nem ortodoxia nem populismo: o Segundo Governo Vargas e a economia brasileira», en *Tempo*, núm. 14, 2010/28, págs. 19-58; Bielschowsky, R. *Pensamento econômico brasileiro: ciclo ideológico do desenvolvimento*, Contraponto, Rio de Janeiro, 1995 (2a ed.).

[FOTO] 11. El suicidio de Vargas.

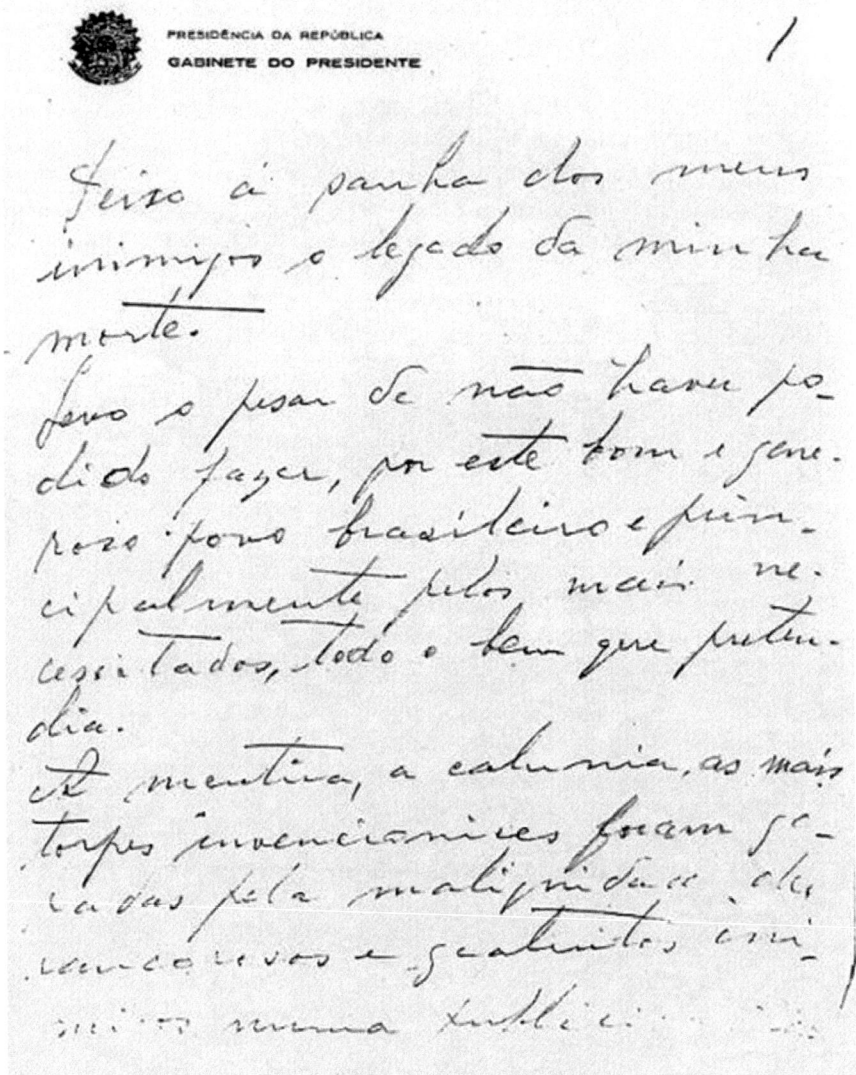

Además, se formula una política para el equipamiento de puertos y ferrocarriles, se propone la creación de una empresa nacional para la electrificación (*Eletrobrás*), que será aprobada solo en 1961.

Entre los logros de la política económica del segundo gobierno de Vargas se encuentran, sobre todo, Petrobras, coloso público en el sector de la explotación de yacimientos petroleros de Brasil, el Banco Nacional de Desarrollo Económico (BNDE), la expansión de la compañía siderúrgica nacional, creada en 1941.

Sin embargo, cabe decir que en algunas circunstancias el gobierno de Vargas adopta políticas macroeconómicas liberales, de estabilización y de apertura a los capitales internacionales, sobre todo estadounidenses. Como observa el economista Dutra Fonseca[173], se trata de decisiones no en conflicto con el proyecto de desarrollo nacional de Vargas, y de los sectores de la izquierda, dado que son tomadas en coyunturas específicas y, de todos modos, son dictadas por pragmatismo y realismo. Un ejemplo de esto es el acuerdo militar Brasil-Estados Unidos de marzo de 1952, por el cual EE. UU. se compromete a proporcionar equipos, materiales y servicios a cambio de minerales estratégicos.

Donde se registra la permanencia de la estructura del Estado autoritario corporativo varguista es, sin duda, en el mantenimiento del sindicato único, aunque en un escenario de mayor libertad sindical, del aporte sindical obligatorio y de la justicia del Trabajo, la cual transita de su función originaria de institución central del *Estado Novo* a órgano de tutela de las aspiraciones y derechos de los trabajadores en el estado de derecho democrático. Basta pensar que en los años sesenta, paralelamente al crecimiento del movimiento sindical, las disputas judiciales en el campo de los derechos laborales superan los tres millones, con una clara tendencia a proteger las razones de los trabajadores víctimas de abusos y despidos injustificados.

En el Estado de Pernambuco, en el Nordeste de Brasil, estudios de caso recientes han documentado que, entre 1963 y 1965, de los aproximadamente 720 procesos contra la Compañía Textil Paulista (CTP), 409 habían sido a favor de los trabajadores, terminando por corroborar la tesis de los teóricos del *Trabalhismo* y de los mismos juristas sobre la indispensable justicia del trabajo, a pesar de su raíz fascista, para poner orden en los desequilibrios provocados por la economía liberal de mercado.

Se genera una paradoja que se repetirá en todas las principale etapas históricas del Brasil contemporáneo, hasta hoy. Frente al avance de las fuerzas conservadoras (militares, burguesía emprendedora, sectores reaccionarios de la iglesia católica), los sindicatos, los partidos de izquierda y la clase trabajadora defienden la legislación social varguista, fijada en la CLT, e incluso el poder normativo de la magistratura del trabajo, considerados los instrumentos fundamentales para crear una nueva ciudadanía más democrática, conquistada laboriosamente a golpes de luchas por la expansión de los derechos sociales en los años treinta y cuarenta. Y es por tales motivos que la estructura *trabalhista* no es desmantelada por los gobiernos «varguistas» de Juscelino Kubitschek y de João Goulart, entre los años cincuenta y el golpe militar de 1964, en su diseño de conjugar la modernización, de carácter industrial, con un amplio programa de reformas sociales.

---

173. DUTRA FONSECA, P. «Nem ortodoxia nem populismo», cit.

Esa estructura autoritaria corporativa, no exenta de elementos totalitarios, que Vargas y sus herederos habían intentado dar a la vía brasileña al *nacionaldesenvolvimentismo*, después de haber sobrevivido a la dictadura militar que se cuidaba de desmembrar un modelo tan sofisticado de control autoritario de la clase trabajadora, se convertía finalmente en uno de los pilares de la joven y frágil democracia brasileña desde la segunda mitad de los años ochenta del siglo XX hasta nuestros días.

V

CONCLUSIONES

El análisis de un caso específico como la circulación «transnacional» y «transatlántica» del fascismo y de su modelo de Estado corporativo en Brasil durante la «Era Vargas» sugiere algunas consideraciones finales.

Como hemos visto, los límites entre el autoritarismo y el totalitarismo son más fluidos de lo que ha sido acreditado por la historiografía sobre el tema, aunque es fundamental mantener una distinción entre las dos categorías. Los mismos regímenes autoritarios entre las dos guerras mundiales se transformaron con el tiempo tanto bajo el impulso de la expansión fascista, como porque tuvieron que enfrentarse a sociedades de masas, complejas y en continua transformación, para el control de las cuales recurrieron a una incorporación de elementos totalitarios, entre los cuales el corporativismo fue uno de los más utilizados. Prueba de ello es que la novedad histórica de la «tercera vía» entre el liberalismo y el socialismo generó amplios consensos en la derecha nacionalista brasileña, en busca de un proyecto multidimensional de «Estado nuevo» autoritario, capaz de proyectar el *nacionaldesenvolvimentismo* brasileño en la modernidad del siglo XX.

Al mismo tiempo, se trató también de una operación larga y compleja de incorporación de la Carta del Trabajo, desvinculada de su rígida estructura totalitaria, en una capilar legislación social, pensada a la luz de la nueva dimensión del colectivo y centrada en la ideología del Trabalhismo, personificada por la benévola figura de Getúlio Vargas «padre de los pobres y de los trabajadores».

En abierta polémica con el Estado liberal, culpable de haber tratado la «cuestión social» como un caso de seguridad pública, la *Era Vargas* reivindicaba la necesidad de crear derechos sociales para responder con eficacia a los desafíos y conflictos producidos por los procesos de modernidad/modernización y por la sociedad de masas, hasta el punto de acreditar una imagen positiva de su obra en las mismas organizaciones de los trabajadores, tradicionalmente orientadas a la izquierda, como demuestran el «*Queremismo*» y el «(neo)*trabalhismo*» de los años cincuenta.

Sin embargo, este elemento no debe hacernos perder de vista la real dimensión del *Estado Novo*, el cual, al igual que otros regímenes entre las dos guerras, robusteció el proyecto autoritario de fondo con la asimilación de elementos totalitarios del *nazifascismo*. Los derechos sociales fueron concedidos «desde arriba», por el Estado, y no fueron el producto de un conflicto «desde abajo», en la sociedad civil. El disfrute del estatus de ciudadano brasileño se obtenía previo encuadramiento del trabajador en el sindicato corporativo controlado verticalmente por el Ministerio del Trabajo.

Por tales razones, es extremadamente reduccionista y banalizar hablar de una «copia» literal del corporativismo fascista, porque, si es cierto que el eje vertebral del corporativismo brasileño era fascista, es igualmente cierto que el rígido dirigismo estatalista del modelo Rocco fue adaptado a una vía autoritaria específica hacia el desarrollo nacional-industrialista, que sin embargo garantizaba algunos derechos fundamentales, donde las leyes anteriores en materia de protección del trabajo eran escasas y arcaicas.

Se trata de un dato que debe hacernos reflexionar sobre las perspectivas, las expectativas y los objetivos de quienes han observado, estudiado y reelaborado el fascismo y el corporativismo en un contexto nacional diferente al italiano entre las dos guerras mundiales.

Fascismo y *Era Vargas* fueron dos experiencias diferentes en relación a su propia génesis y al funcionalismo del régimen; pero también pueden ser estudiadas como dos variantes nacionales de una «tercera vía» fascista y corporativa que entre las dos guerras indicó al capitalismo mundial una solución profundamente moderna, alternativa al liberalismo y al colectivismo.

AGRADECIMIENTOS

Durante el transcurso del trabajo he contraído muchas deudas de gratitud. El primer agradecimiento va al profesor Gildo Marçal Brandão, docente en el Departamento de Ciencias Políticas de la Universidad de San Paulo, maestro y amigo, fallecido prematuramente en 2010. Fue gracias a él que en 2009 obtuve la beca de posdoctorado de la FAPESP de Sâo Paulo para desarrollar el proyecto de investigación que dio origen al presente libro, en el marco del grupo de estudio sobre el pensamiento político-social brasileño que él coordinaba.

Deseo agradecer también a los profesores Antonio Alosco y Maurizio Erto por haber aceptado con gran interés la propuesta de publicar la edición italiana del libro en la colección *Renzo De Felice* que ellos dirigen, así como por los valiosos consejos críticos. A ellos me une también una profunda amistad.

Me gustaría agradecer a mi querido amigo y colega Manuel Cabanas Veiga, profesor de derecho constitucional de la Universidad de Lleida. La idea de publicar el libro en español surgió durante los seminarios a los que participamos.

Asimismo, es fundamental la colaboración científica con Antonio Costa Pinto (ICS de Lisboa), otro maestro y amigo. Y con el colega y amigo Federico Finchelstein (*New York School for Social Studies*).

Un agradecimiento especial va a los amigos y colegas Angelo Ventrone (Universidad de Macerata) y Fulvia Zega (Universidad de Génova), con quienes he tenido la oportunidad de discutir ampliamente los temas centrales del libro en varias ocasiones.

Soy deudor a colegas brasileños e italianos, instituciones y revistas que me han brindado la posibilidad de exponer en seminarios y publicaciones los resultados de la investigación, dándome también valiosos sugerencias teóricas y metodológicas.

Elide Bastos Rugai (UNICAMP) y colegas del grupo de investigación sobre el pensamiento político social brasileño. Los colegas del *Departamento de Ciencia Política* (USP). Nuestro amigo Luciano Aronne de Abreu (PUC de Porto Alegre) y colegas del grupo Refat. Marco Aurelio Vannucchi (FGV de Río de Janeiro), y la red Netcor, en particular Francisco Palomanes Martinho (USP Sâo Paulo) y Claudia Viscardi (Universidad Federal de Juiz de Fora).

El grupo de colegas del Observatorio de Extrema Derecha, en particular Leandro Pereira y Odilon Caldeira Neto (ambos de la Universidad Federal de Juiz de Fora). Los colegas de la red Direitas, História e Memoria, Vera Vieira y el Grupo Adhilac.

Los colegas y las colegas del Departamento de Ciencias Sociales de la Universidad Federal de Ceará y del Doctorado en Políticas Públicas de la Universidad Estatal de Ceará, en particular Horacio Frota, Josenio Parente y Andrea Luz Díaz. Además, Angela Castro Gomes (UFF), Milton Lahuerta (UNESP), Angela Alonso (USP), Tulio Massoni (UNIFESP), Claudio Meireles (UFC), Martonio Montalverne y el grupo de estudios sobre la constitución de 1937 (Unifor), Helgio Trindade (UNILA), Boris Fausto (USP), Luis Rosenfield (PUC de Porto Alegre), Rogeiro Dultra dos Santos (UFF), Diogo Cunha (UFPE), Joao Fabio Bertonha (Universidad Estatal de Maringá), Franco Savarino y Ángel Sánchez (Escuela Nacional de Antropología e Historia, Ciudad de México), Augusto Zanetti (UNESP), Thiago Mourelle Cavalliere (Archivo de Estado de Río de Janeiro), Fernando Bralo y Regina Chaves (UFC), Matheus Alexandre (UFC) Robert Chisholm (Columbia Basin College), Goffredo Adinolfi y Anna Rita Gori (ICS de Lisboa), Gian Pasquale Santomassimo (Universidad de Siena) y la Revista *Pasado y Presente*, Michele Cento (Universidad de Bolonia) e *Investigaciones de Historia Política*, Diego Lazzarich (Universidad de Estudios de Campania *Luigi Vanvitelli*) y *Política*, Marco Bresciani (Universidad de Florencia), Guri Schwarz y Francesco Cassata (Universidad de Génova), Matteo Pasetti (Universidad de Bolonia), Alfonso Botti (Universidad de Módena), los colegas de la Universidad de Padua, Filippo Focardi, Giulia Albanese, Marco Mondini y Matteo Millan, Aristotle Kallis (Universidad de Keele / North Staffordshire), Roger Griffin (Politécnico de Oxford), Constantin Iordachi (Universidad Centroeuropea de Viena) y la red Comfas, Gabriele Colleoni y Carlo Muzzi, respectivamente vice-director y jefe de redacción del *Giornale di Brescia*.

Agradezco también a todos los alumnos y alumnas que han seguido mis cursos, al personal del Archivo de Estado de São Paulo y al de la Biblioteca de la Facultad de Derecho de la Universidad de São Paulo.

Finalmente, un agradecimiento a mis queridos amigos Andrea, Alioscia, Fabio, Alessandro y Fabrizio, y a mi hermano Dario, que me han incentivado en momentos de escasa inspiración.

BIBLIOGRAFÍA

Fuentes de archivo

- *Arquivo Nacional*/Rio de Janeiro, Gabinete Civil da Presidência da República.
- *Arquivo de Estado de São Paulo*, Departamento da Ordem Política e Social (DOPS), fascículo 27804, Feixe de São Paulo.
- *Fundação Getúlio Vargas*/Centro de Pesquisa e Documentação de História Contemporânea do Brasil.

Fuentes impresas

A. AMARAL, *O estado autoritário e a realidade nacional*, Livraria José Olympio Editora, Rio de Janeiro, 1938.

A. MARCONDES FILHO, *Trabalhadores do Brasil!*, versión digital, ebooksbrasil, 2002.

A. PASQUALINI, *Obras completas*, vol. I, *Bases e sugestões para uma política social*, Livraria São José, Rio de Janeiro, 1958.

A. TORRES, *A organização nacional*, Tipografia Nacional, Rio de Janeiro, 1914.

A. TORRES, *O problema nacional brasileiro*, Imprensa Nacional, Rio de Janeiro, 1914.

Anais da Assembleia Nacional Constituinte 1933/1934, 22 vols., Imprensa Nacional, Rio de Janeiro, 1933-1935.

F. CAMPOS, *O espírito do Estado Novo: interpretação da Constituição de 10 de novembro de 1937*, Serviço de Divulgação da Polícia Civil do Distrito Federal, Rio de Janeiro, 1937.

F. CAMPOS, *O Estado nacional, sua estrutura, seu conteúdo ideológico*, José Olympio, Rio de Janeiro, 1940.

F. CAMPOS, *Os problemas do Brasil e as grandes soluções do novo regime*, Imprensa Nacional, Rio de Janeiro, 1938.

F. J. Oliveira Vianna, *Direito do trabalho e democracia social*, José Olympio, Rio de Janeiro, 1951.

F. J. Oliveira Vianna, *O idealismo da Constituição*, 2.ª ed., Companhia Editora Nacional, Rio de Janeiro, 1939.

F. J. Oliveira Vianna, *Pequenos estudos de psicologia social*, Monteiro Lobato, São Paulo, 1923.

F. J. Oliveira Vianna, *Populações Meridionais do Brasil*, 1.ª ed. 1920, Editora Itatiaia Limitada, Belo Horizonte, 1987.

F. J. Oliveira Vianna, *Problemas de direito corporativo*, José Olympio, Rio de Janeiro, 1938.

F. J. Oliveira Vianna, *Problemas de direito sindical*, Max Limonad, Rio de Janeiro, 1943.

F. J. Oliveira Vianna, *Problemas de organização e problemas de direção*, José Olympio, Rio de Janeiro, 1952.

F. J. Oliveira Vianna, *Problemas de política objetiva*, Companhia Editora Nacional, São Paulo, 1930.

G. Vargas, *A nova política do Brasil*, vol. II, José Olympio Editor, Rio de Janeiro, 1938.

G. Vargas, *As diretrizes da nova política do Brasil*, José Olympio, Rio de Janeiro, 1943.

Origens da legislação trabalhista brasileira. Exposições de motivos de Lindolfo Collor, Fundação Do Couto e Silva, Porto Alegre, 1990.

P. A. Góis Monteiro, *A Revolução de 1930 e a finalidade política do exército*, Andersen Editores, Rio de Janeiro, 1934.

Revista do Trabalho (1933-1965).

Ensayos

A. Alosco, *I socialfascisti. Continuità tra socialismo e fascismo*, D'Amico, Nocera Inferiore, 2021.

A. Alosco, *La Confederazione Generale del Lavoro dalla lotta di classe al corporativismo. Una storia oscurata ma esemplare*, D'Amico, Nocera Inferiore, 2023.

A. Araujo (coord.), *Do corporativismo ao neoliberalismo. Estado e trabalhadores no Brasil e na Inglaterra*, Boitempo, São Paulo, 2002.

A. B. Fraga, M. C. Lago, T. Mourelle, «Interpretações Sobre A Revolução De 1930: História E Historiografia», En *Antíteses*, Vol. 15, n.º 29, 2022, pp. 220-249.

A. Boito Jr., *O sindicalismo na política brasileira*, Editora da Unicamp, Campinas, 2005.

A. Borba Barreto, «Representação das associações profissionais no Brasil: o debate dos anos 30», en *Revista de Sociologia Política*, n.º 22, 2004, pp. 119-133.

A. Bosi, *Dialética da colonização*, Companhia das Letras, São Paulo, 1992, pp. 199-200.

A. Codato, «Estado Novo no Brasil: um estudo da dinâmica das elites políticas regionais em contexto autoritário», en *Dados*, vol. 58, n.º 2, 2015.

A. Codato, W. Guandalini, «Os autores e suas ideias: um estudo sobre a elite intelectual e o discurso político do Estado Novo», en *Revista Estudos Históricos*, vol. 2, n.º 32, 2003.

A. Costa Pinto (coord.), *O Estado Novo de Salazar. Uma terceira via autoritária na era do fascismo*, Edições 70, Coimbra, 2022.

A. Costa Pinto, «O corporativismo nas ditaduras da época do fascismo», en *Varia História*, vol. 30, n.º 52, 2014, pp. 17-49.

A. Costa Pinto, *Latin American dictatorships in the era of fascism: the corporatist wave*, Routledge, Londres, 2019.

A. Costa Pinto, F. C. Palomanes Martinho (coord.), *A vaga corporativa: corporativismo e ditaduras na Europa e na América Latina*, Imprensa de Ciências Sociais, Lisboa, 2016.

A. Costa Pinto, F. C. Palomanes Martinho (coord.), *O corporativismo em português: estado, política e sociedade no salazarismo e no varguismo*, Imprensa de Ciências Sociais, Lisboa, 2008.

A. Costa Pinto, F. Finchelstein (coord.), *Authoritarianism and corporatism in Europe and Latin America: crossing borders*, Routledge, New York, 2019.

A. Freire, F. C. Palomanes Martinho, M. A. Vannucchi (coord.), *O que há de novo sobre o Estado Novo*, Editora FGV, Rio de Janeiro, 2019.

A. Gagliardi, *Il corporativismo fascista*, Laterza, Roma-Bari, 2010.

A. Gentil, *As ideias de Alberto Torres*, Companhia Editora Nacional, São Paulo, 1938.

Â. M. Castro Gomes, «A representação de classe na Constituinte de 1934», en *Revista de Ciência Política*, vol. 21, n.º 3, 1978, pp. 53-115.

Â. M. Castro Gomes, «Azevedo Amaral e o século do corporativismo de Manoilesco no Brasil de Vargas», em *Sociologia & Antropologia*, vol. 2, n.º 4, 2012, pp. 185-209.

Â. M. Castro Gomes, «O populismo e as ciências sociais no Brasil: notas sobre a trajetória de um conceito», en *O populismo e sua história: debate e crítica*, J. Ferreira coord., Civilização Brasileira, Rio de Janeiro, 2001, pp. 17-59.

Â. M. Castro Gomes, «O populismo no Brasil: desafios de um debate historiográfico», en *Estudos Ibero-Americanos*, vol. 48, n.º 1, 2022, pp. 1-9.

Â. M. Castro Gomes, *A invenção do trabalhismo*, Vértice, São Paulo, 1988.

Â. M. Castro Gomes, F. Teixeira da Silva (coord.), *A Justiça do Trabalho e sua história*, Editora Unicamp, Campinas, 2013.

A. Paim, *História das ideias filosóficas no Brasil*, Edições Humanidades, Londrina, 2007.

A. Paranhos, *O roubo da fala: origens da ideologia do trabalhismo no Brasil*, Boitempo, São Paulo, 1999.

A. Romita, *O fascismo no direito do trabalho brasileiro. Influência da Carta del lavoro sobre a legislação brasileira*, LTr, São Paulo, 2001.

A. Sabóia Lima, *Alberto Torres e sua obra*, 1.ª ed. 1918, Companhia Editora Nacional, São Paulo, 1935.

A. Salsano, *L'altro corporativismo: tecnocrazia e managerialismo tra le due guerre*, Il Segnalibro, Turim, 2003.

A. Simão, *Sindicato e Estado*, Ática, São Paulo, 1981.

A. Stepan, *The military in politics: changing patterns in Brazil*, Princeton University Press, Princeton, 1971.

A. Tarquini, *Storia della cultura fascista*, Il Mulino, Bolonia, 2011.

A. Trento, «"Dovunque è un italiano, là è il tricolore". La penetrazione del fascismo tra gli immigrati in Brasile», en *Fascisti in Sud America*, E. Scarzanella coord., Le Lettere, Florença, 2005.

A. Trento, «A Itália em guerra: a coletividade imigrada e o *Fanfulla* de São Paulo durante o primeiro conflito mundial», en *Escritos. Revista da Fundação Casa de Rui Barbosa*, vol. XI, n.º 9, 2015, pp. 97-124.

A. Ventrone, *La seduzione totalitaria. Guerra, modernità e violenza politica (1914-1918)*, Donzelli, Roma, 2004.

B. Fausto, *A Revolução de 1930: história e historiografia*, Brasiliense, São Paulo, 1970.

B. Fausto, *O pensamento nacionalista autoritário (1920-1940)*, Jorge Zahar, Rio de Janeiro, 2001.

B. Fausto, *Trabalho urbano e conflito social*, Difel, São Paulo, 1976.

B. Lamounier, «Formação de um pensamento político autoritário na Primeira República: uma interpretação», en *História geral da civilização brasileira*, vol. 2, t. III, B. Fausto coord., Difel, São Paulo, 1977, pp. 345-374.

B. Lima Sobrinho, *Presença de Alberto Torres*, Civilização Brasileira, Rio de Janeiro, 1968.

C. A. A. Albernaz, «The technical councils of the Brazilian government structure: corporatism, authoritarianism, and modernization (1934-1945)», en *Portuguese Studies*, vol. 32, n.º 2, 2016, pp. 244-261.

C. Alcântara Meireles Júnior, *Antiliberalismo e autoritarismo no pensamento brasileiro: a questão social no Estado Novo de Getúlio Vargas e a garantia de direitos sociais*, Tese de mestrado em Direito do Trabalho, Universidade Federal do Ceará, Fortaleza, 2016.

C. Alcantara Meireles, *A implantação da Justiça do Trabalho pelo governo de Getúlio Vargas: traduções culturais, peculiaridades estruturais e primeiros anos de funcionamento*, Tese de doutorado, Departamento de Ciências Jurídicas, Universidade Federal do Ceará, Fortaleza, 2021.

C. Guedes Martins, *Revista do Trabalho: uma contribuição para o Direito do Trabalho no Brasil*, Dissertação de mestrado em História, Universidade Federal Fluminense, Niterói, 2000.

C. Iordachi, «Mihail Manoilescu and the debate on practice of corporatism in Romania», en *Authoritarianism and Corporatism*, cit., pp. 65-94.

C. Lynch, «Por que pensamento e não teoria? A imaginação político-social brasileira e o fantasma da condição periférica (1880-1970)», en *Dados*, vol. 56, n.º 4, 2013, pp. 727-767.

C. Lynch, «Quando o regresso é progresso: a formação do pensamento político conservador saquarema e de seu modelo político (1834-1851)», en *Revisão do pensamento conservador*, cit.

C. Mota, N. Salinas (coord.), *Os juristas na formação do Estado-Nação brasileiro. 1930-dias atuais*, Saraiva, São Paulo, 2010.

C. Prado Jr., *A revolução brasileira*, Brasiliense, São Paulo, 1966.

C. Romani, «A ditadura tolerada: herança autoritária na historiografia sobre Vargas», en *Ditaduras. A desmesura do poder*, N. Avelino, T. Dias Fernandes, A. Montoya coord., Contrassenso, São Paulo, 2015.

C. Torres da Silva, *Justiça do Trabalho e ditadura civil-militar no Brasil (1964-1985): atuação e memória*, Dissertação de mestrado, Departamento de História, Universidade Federal Fluminense, Rio de Janeiro, 2010.

C. Viscardi, «A representação profissional na Constituição de 1934 e as origens do corporativismo no Brasil», en *A vaga corporativa*, cit., pp. 199-222.

C. Viscardi, *Unidos perderemos: a construção do federalismo republicano*, Editora CRV, Curitiba, 2017.

C. Wasserman, *A teoria da dependência: do nacional-desenvolvimentismo ao neoliberalismo*, FGV, Rio de Janeiro, 2017.

Cultura política e o pensamento autoritário, R. Vélez Rodríguez coord., Câmara dos Deputados, Brasília, 1983.

D. Cunha, «Os fundamentos jurídicos e filosóficos do autoritarismo realelano: experiência, cultura e decisionismo», en *Dados*, vol. 65, n.º 2, 2022, pp. 1-40.

D. Pandolfi (coord.), *Repensando o Estado Novo*, Editora FGV, Rio de Janeiro, 1999.

D. Pécaut, *Os intelectuais e a política no Brasil. Entre o povo e a nação*, Ática, São Paulo, 1990.

D. Saes, *Classe média e sistema político no Brasil*, T. A. Queiroz, São Paulo, 1985.

D. Serapiglia, *La via portoghese al corporativismo*, Carocci, Roma, 2011.

E. Borghi Cabral, *O queremismo na redemocratização de 1945*, Tese de mestrado em História, Universidade Federal Fluminense, Niterói, 1984.

E. Cancelli, *O mundo da violência: a polícia da era Vargas*, Editora Universidade de Brasília, Brasília, 1993.

E. de Decca, *1930: o silêncio dos vencidos*, Brasiliense, São Paulo, 1981.

E. Diniz, «Engenharia institucional e políticas públicas: dos conselhos técnicos às câmaras setoriais», en *Repensando o Estado Novo*, cit.

E. Dutra, *O ardil totalitário: imaginário no Brasil dos anos 30*, Editora da UFRJ, Rio de Janeiro, 1997.

E. Gentile, *Il mito dello Stato nuovo*, Laterza, Roma-Bari, 1999.

E. Gentile, *Le origini dell'ideologia fascista*, Il Mulino, Bolonia, 2011 (1.ª ed. 1975).

E. Moraes Filho, *O problema do sindicato único no Brasil*, A Noite, Rio de Janeiro, 1952.

E. P. Thompson, *The making of the English working class*, Victor Gollancz, Londres, 1963.

E. R. Bastos, J. Q. Moraes (coord.), *O pensamento de Oliveira Vianna*, Editora Unicamp, Campinas, 1993.

E. Vieira, *Autoritarismo e corporativismo no Brasil*, Cortez, São Paulo, 1981.

E. Viotti da Costa, *Da monarquia à República: momentos decisivos*, UNESP, São Paulo, 1968.

F. C. P. Martinho, «Elites políticas e intelectuais e o Ministério do Trabalho: 1931-1945», en *Estudos Ibero-Americanos*, vol. 42, n.º 2, 2016, pp. 454-470.

F. Carnelutti, *Teoria del regolamento collettivo del lavoro*, Cedam, Pádua, 1928.

F. Colombu, T. Massoni, «Por uma concepção democrática de categoria sindical», en *Revista de Direito do Trabalho*, vol. 40, n.º 159, 2014, pp. 161-179.

F. Finchelstein, *Transatlantic fascism: ideology, violence and the sacred in Argentina and Italy 1919-1945*, Duke University Press, Durham & Londres, 2010.

F. Gentile, «A influência do corporativismo fascista italiano no "autoritarismo instrumental" de Oliveira Vianna», en *Corporativismo: ideias e práticas*, cit., pp. 79-111.

F. Gentile, «Dal "popolo amorfo" a Jair Bolsonaro. Il populismo nelle scienze sociali brasiliane», en *Politics. Rivista di Studi Politici*, vol. 2, n.º 14, 2020, pp. 85-100.

F. Gentile, «I populismi in America Latina: il caso brasiliano tra teoria e pratica», en *La democrazia dei populisti tra Europa e Americhe*, M. Bresciani, G. Schwarz coord., Viella, Roma, 2021, pp. 77-94.

F. Gentile, «Uma apropriação criativa: fascismo e corporativismo no pensamento de Oliveira Vianna», en *A vaga corporativa: corporativismo e ditaduras na Europa e na América Latina*, A. Costa Pinto, F. C. Palomanes Martinho coord., FGV, Rio de Janeiro, 2016, pp. 223-253.

F. Gentile, C. Longhi (coord.), *Ditaduras e violência institucional*, PUC-SP, São Paulo, 2019.

F. H. Cardoso, E. Faletto, *Dependência e desenvolvimento na América Latina*, Zahar Editora, Rio de Janeiro, 1970.

F. NEUMANN, *Essays in the political and legal theory*, The Free Press, Glencoe, 1957.

F. SAVARINO, *Latinidades distantes. Miradas sobre el fascismo italiano en América Latina*, Instituto Nacional de Antropología e Historia (INAH), México (DF), 2015.

F. TEIXEIRA DA SILVA, «The Brazilian and Italian labour courts: comparative notes», en *International Review of Social History*, vol. 55, 2010, pp. 381-412.

F. VARNHAGEN, *História geral do Brasil*, Laemmert, Rio de Janeiro, 1877.

F. WEFFORT, *O populismo na política brasileira*, Paz e Terra, Rio de Janeiro, 1978.

F. ZEGA, *Il mondo sotto la svastica. Migrazioni e politica in Argentina e Brasile (1930-1960)*, Aracne, Roma, 2018.

G. CIANO, *Diari 1937-1943*, ed. R. De Felice, Rizzoli, Milão, 1980.

G. COUTO E SILVA, *Conjuntura política nacional: o poder executivo & geopolítica do Brasil*, 3.ª ed., José Olympio, Rio de Janeiro, 1981.

G. DE LIMA GRECCO, L. PEREIRA GONÇALVES (coord.), *Fascismos iberoamericanos*, Alianza Editorial, Madrid, 2022.

G. DE LIMA GRECCO, O. CALDEIRA (coord.), *Autoritarismo em foco: política, cultura e controle social*, Autografia, Editora da Universidade de Pernambuco, Ediciones Autónomas de Madrid, Rio de Janeiro / Recife / Madrid, 2019.

G. GERMANI, *Authoritarianism, fascism, and national populism*, Transaction Books, New Brunswick/NJ, 1978.

G. M. BRANDÃO, *Linhagens do pensamento político brasileiro*, Editora Hucitec, São Paulo, 2007.

G. NUNES FERREIRA, *Centralização e descentralização no Império: o debate entre Tavares Bastos e Visconde do Uruguai*, Departamento de Ciência Política da Universidade de São Paulo / Editora 34, São Paulo, 1999.

G. O'DONNELL, P. SCHMITTER (coord.), *Transições do regime autoritário. Primeiras conclusões*, Vértice, São Paulo, 1988.

G. O'DONNELL, *Reflexões sobre os estados burocrático-autoritários*, Vértice, São Paulo, 1987.

G. SANTOMASSIMO, *La terza via fascista: il mito del corporativismo*, Carocci, Roma, 2006.

H. ARENDT, *The origins of totalitarianism*, 1.ª ed. 1951, Meridian Books, Cleveland-New York, 1958.

H. Trindade (coord.), *O positivismo: teoria e prática*, Editora da UFRGS, Porto Alegre, 2007.

H. Trindade, *A tentação fascista no Brasil: imaginário de dirigentes e militantes integralistas*, UFRGS Editora, Porto Alegre, 2016.

H. Trindade, *Integralismo: o fascismo brasileiro na década de Trinta*, Difusão Europeia do Livro, São Paulo, 1974.

I. Biondi, *Classe e nação: trabalhadores e socialistas italianos em São Paulo (1890-1920)*, Editora da Unicamp, São Paulo, 2011.

I. Coser, «O debate entre centralizadores e federalistas no século XIX. A trama dos conceitos», en *Revista Brasileira de Ciências Sociais*, vol. 26, n.º 76, 2011, pp. 191-227.

I. Coser, *Visconde do Uruguai: centralização e federalismo no Brasil (1823-1866)*, Editora da UFMG / IUPERJ, Belo Horizonte / Rio de Janeiro, 2008.

I. Lins, *História do positivismo no Brasil*, 2.ª ed., Companhia Editora Nacional, São Paulo, 1964.

I. Pavan, «Lo stato sociale del fascismo. Continuità, fratture, mediazioni», en *Il fascismo italiano. Storia e interpretazioni*, G. Albanese coord., Carocci, Roma, 2021, pp. 211-236.

I. Stolzi, *L'ordine corporativo*, Giuffrè, Milão, 2007.

J. A. Rodrigues, *Sindicato e desenvolvimento no Brasil*, Difusão Europeia do Livro, São Paulo, 1968.

J. B. Beired, *Sob o signo da nova ordem. Intelectuais autoritários no Brasil e na Argentina (1914-1945)*, Loyola, São Paulo, 1999.

J. Comblin, *A ideologia da segurança nacional*, Civilização Brasileira, Rio de Janeiro, 1978.

J. D. French, *Afogados em leis: a CLT e a cultura política dos trabalhadores brasileiros*, Perseu Abramo, São Paulo, 2001.

J. F. Bertonha, *Bibliografia orientativa sobre o integralismo (1932-2007)*, Funep (Unesp), Jaboticabal, 2010.

J. F. Bertonha, F. Savarino (coord.), *El fascismo en Brasil y América Latina: ecos europeos y desarrollos autóctonos*, Instituto Nacional de Antropología e Historia, México (DF), 2013.

J. F. Bertonha, *O fascismo e os imigrantes italianos no Brasil*, 2.ª ed., Editora da Pontifícia Universidade Católica do Rio Grande do Sul, Porto Alegre, 2017.

J. F. BERTONHA, *Plínio Salgado. Biografia política (1895-1975)*, Edusp, São Paulo, 2018.

J. FERREIRA, «A transição democrática de 1945 e o movimento queremista», en *O Brasil Republicano*, vol. III, *O tempo da experiência democrática (1945-1964)*, J. Ferreira, L. Delgado coord., Civilização Brasileira, Rio de Janeiro, 2011, pp. 12-45.

J. FERREIRA, L. DELGADO (coord.), *O Brasil republicano*, vols. I-IV, Civilização Brasileira, Rio de Janeiro, 2003-2011.

J. FERREIRA, *O imaginário trabalhista: getulismo, PTB e cultura política popular (1945-1964)*, Civilização Brasileira, Rio de Janeiro, 2005.

J. L. LOVE, *Crafting the Third World: theorizing underdevelopment in Rumania and Brazil*, Stanford University Press, Stanford, 1996.

J. L. LOVE, *Rio Grande do Sul and Brazilian Regionalism, 1882-1930*, Stanford University Press, Stanford, 1971.

J. LINZ, «An authoritarian regime: the case of Spain», en *Mass Politics: Studies in Political Sociology*, ed. E. Allardt, S. Rokkan, Free Press, Nova York, 1970.

J. LINZ, «Some notes toward a comparative study of fascism in sociological historical perspective», en *Fascism. A Reader's Guide*, W. Laqueur coord., University of California Press, Berkeley-Los Angeles, 1976, pp. 3-121.

J. MEDEIROS, *Ideologia autoritária no Brasil*, Editora FGV, Rio de Janeiro, 1978.

J. MURILO DE CARVALHO (coord.), *Visconde do Uruguai*, Editora 34, São Paulo, 2002.

J. MURILO DE CARVALHO, *A construção da ordem*, Campus, Rio de Janeiro, 1980.

J. MURILO DE CARVALHO, *Cidadania no Brasil. O longo caminho*, Civilização Brasileira, Rio de Janeiro, 2001.

J. MURILO DE CARVALHO, *Forças Armadas e política no Brasil*, Jorge Zahar Editor, Rio de Janeiro, 2005.

J. PARENTE, *Anauê. Os camisas verdes no poder*, Editora da UFC, Fortaleza, 1999.

J. R. BARBOSA *et alii* (coord.), *Militares e política no Brasil*, Expressão Popular, São Paulo, 2018.

J. R. HENTSCHKE, «Comtismo, castilhismo, and varguismo: anatomy of a Brazilian creed», en *Locus. Revista de História*, vol. 27, n.° 2, 2021, pp. 245-287.

K. Lowenstein, *Brazil under Vargas*, The Macmillan Company, Nova York, 1942.

K. Munakata, *A legislação trabalhista no Brasil*, Brasiliense, São Paulo, 1981.

K. P. Erickson, *Sindicalismo no processo político no Brasil*, Brasiliense, São Paulo, 1979.

L. A. Abreu, *De Vargas aos militares: autoritarismo e desenvolvimento econômico no Brasil*, EdiPUCRS, Porto Alegre, 2014.

L. A. Abreu, L. C. dos Passos Martins, G. Denardi Munareto, *Embracing the past, designing the future: authoritarianism and economic development in Brazil under Getúlio Vargas*, Sussex Academic Press, Brighton, 2020.

L. A. Abreu, P. Borges Santos (coord.), *A era do corporativismo: regimes, representações e debates no Brasil e em Portugal*, EdiPUCRS, Porto Alegre, 2017.

L. A. Abreu, *Um olhar regional sobre o Estado Novo*, EdiPUCRS, Porto Alegre, 2007.

L. G. Bezerra de Melo, «Justiça do Trabalho e História: uma análise das sentenças da junta de conciliação e julgamento do município paulista/PE no período 1963-1965», paper apresentado ao *XII Encontro de História*, Anpu-Pernambuco, 2018.

L. G. Piva, *Ladrilhadores e semeadores*, Editora 34, São Paulo, 2000.

L. Guarnieri, «Il modello corporativo nell'America Latina degli anni Trenta», en *La cultura economica tra le due guerre*, P. Barucci, S. Misiani, M. Mosca coord., F. Angeli, Milão, 2015, pp. 87-103.

L. Lippi, *A questão nacional na Primeira República*, Brasiliense, São Paulo, 1990.

L. Lippi, Â. M. Castro Gomes, M. P. Velloso (coord.), *Estado Novo. Ideologia e poder*, Jorge Zahar Editor, Rio de Janeiro, 1982.

L. M. Rodrigues, *Partidos e sindicatos*, Ática, São Paulo, 1990.

L. Moritz Schwarcz, *Sobre o autoritarismo brasileiro*, Companhia das Letras, São Paulo, 2019.

L. Pereira Gonçalves, O. Caldeira Neto, *O fascismo em camisas verdes: do integralismo ao neointegralismo*, FGV Editora, Rio de Janeiro, 2020.

L. Pereira Gonçalves, *Plínio Salgado. Um católico integralista entre Portugal e o Brasil (1895-1975)*, Imprensa de Ciências Sociais, Lisboa, 2017.

L. R. Correa, «O corporativismo dos trabalhadores: leis e direitos na Justiça do Trabalho entre os regimes democráticos e ditatorial militar no Brasil (1953-1978)», en *Estudos Ibero-Americanos*, vol. 42, n.º 2, 2016, pp. 500-526.

L. Rosenfield, *Revolução conservadora. Genealogia do constitucionalismo autoritário brasileiro (1930-1945)*, EdiPUCRS, Porto Alegre, 2022.

L. Trevisan, *O pensamento militar brasileiro*, Global, São Paulo, 1985.

L. Werneck Vianna, «Caminhos e descaminhos da revolução passiva à brasileira», en *Dados*, vol. 39, n.º 3, 1996, pp. 377-392.

L. Werneck Vianna, *Liberalismo e sindicato no Brasil*, Paz e Terra, Rio de Janeiro, 1976.

M. A. Vannucchi, C. G. Speranza, A. Droppa, «Direito e justiça social: a historiografia acerca da Justiça do Trabalho no Brasil», en *Sociologia política das instituições judiciais*, org. F. Engelmann, UFRGS / CEGOV, Porto Alegre, 2017, pp. 151-174.

M. A. Vannucchi, L. A. de Abreu (coord.), *A Era Vargas (1930-1945)*, vols. I-II, EdiPUCRS, Porto Alegre, 2021.

M. A. Vannucchi, L. A. de Abreu (coord.), *The Brazilian Revolution of 1930. The legacy of Getúlio Vargas revisited*, Sussex Academic Press, Brighton, 2021.

M. A. Vannucchi, L. A. de Abreu, P. Borges Santos (coord.), *Corporativismo: ideias e práticas*, Editora da Universidade de Coimbra, Coimbra, 2023.

M. Biavaschi, *O direito do trabalho no Brasil (1930-1942): a construção do sujeito de direitos trabalhistas*, LTR, São Paulo, 2007.

M. C. D'araújo, C. Castro (coord.), *Ernesto Geisel*, Editora FGV, Rio de Janeiro, 1997.

M. C. D'araújo, *O Estado Novo*, Jorge Zahar Editor, Rio de Janeiro, 2000.

M. C. D'araújo, *O segundo governo Vargas, 1951-1954*, Zahar, Rio de Janeiro, 1982.

M. Carvalho Franco, *Homens livres na ordem escravocrata*, 1.ª ed. 1969, UNESP, São Paulo, 2002.

M. Chaui, *Brasil: mito fundador e sociedade autoritária*, Fundação Perseu Abramo, São Paulo, 2000.

M. F. Lombardi, «Alberto Torres e o conservadorismo fluminense», en *Cadernos de Ciências Humanas – Especiaria*, vol. 10, n.º 17, 2007, pp. 277-301.

M. F. Lombardi, «O pensamento político de A. Torres: a reforma constitucional e o Estado brasileiro», en *Revisão do pensamento conservador*, G. N. Ferreira, A. Botelho coord., Hucitec, São Paulo, 2010, pp. 95-118.

M. F. Morais de Assunção, «O Estado Novo brasileiro como espelho do salazarismo: autoritarismo e corporativismo na seção "Crítica" da revista Brasília do Instituto de Estudos Brasileiros da FLU (1942-1944)», en *Revista de História das Ideias*, n.º 34, 2016, pp. 169-190.

M. Ferreira, S. Sà Pinto, «A crise dos anos 1920 e a Revolução de 1930», en *O Brasil Republicano*, vol. I, cit., pp. 387-433.

M. G. Losano, «Un modello italiano per l'economia nel Brasile di Getúlio Vargas: la "Carta del Lavoro" del 1927», en *Rechtsgeschichte Legal History*, n.º 20, 2012, pp. 274-308.

M. H. Capelato, «O Estado Novo: o que trouxe de novo?», en *O Brasil Republicano*, vol. III, *O tempo do nacional-estadismo*, J. Ferreira, L. Delgado coord., Civilização Brasileira, Rio de Janeiro, 2003, pp. 109-143.

M. H. Capelato, *Fascismo: uma ideia que circulou pela América Latina*, em *História em Debate*, 1991.

M. H. Capelato, *Multidões em cena: propaganda política no varguismo e no peronismo*, UNESP, São Paulo, 2009.

M. Mann, *Fascists*, Cambridge University Press, Cambridge, 2004.

M. Manoïlescu, *El partido único, institución política de los nuevos regímenes*, Biblioteca de Estudios Sociales, Zaragoza, 1938.

M. Manoïlescu, *Le siècle du corporatisme*, Alcan, Paris, 1934 — trad. bras.: *O século do corporativismo. A doutrina do corporativismo integral e puro*, trad. A. Amaral, José Olympio, Rio de Janeiro, 1938.

M. Manoïlescu, *Théorie du protectionnisme et de l'échange international*, M. Giard, Paris, 1929 — ed. brasiliana: *Teoria do protecionismo e da permuta internacional*, trad. Centro das Indústrias do Estado de São Paulo, Escolas Profissionais do Liceu Coração de Jesus, São Paulo, 1931.

M. Mont'alverne Barreto Lima *et alii* (coord.), *Constituição de 1937 e constitucionalismo brasileiro*, Lúmen Juris, Rio de Janeiro, 2019.

M. Pasetti (coord.), *Progetti corporativi tra le due guerre mondiali*, Carocci, Roma, 2006.

M. Pasetti, *L'Europa corporativa. Una storia transnazionale tra le due guerre mondiali*, Bonomia University Press, Bolonha, 2016.

M. Reale, *ABC do integralismo*, Edição da Revista Panorama, São Paulo, 1937.

M. Reale, *O Estado moderno: liberalismo, fascismo, integralismo*, José Olympio, Rio de Janeiro, 1934.

M. Teixeira, «Law and legal networks in the interwar corporatist turn: the case of Brazil and Portugal», en *Authoritarianism and Corporatism*, cit.

M. Teixeira, «Making a Brazilian "New Deal": Oliveira Vianna and the transnational sources of Brazil's corporatist experiment», en *Journal of Latin American Studies*, vol. 50, n.º 3, 2018, pp. 613-641.

M. Velloso, «A Ordem: uma revista de doutrina, política e cultura católica», en *Revista de Ciência Política*, vol. 21, n.º 3, 1978, pp. 117-159.

M. Velloso, *Os intelectuais e a política cultural do Estado Novo*, Fundação Getúlio Vargas / CPDOC, Rio de Janeiro, 1987.

N. J. Garcia, *Estado Novo: ideologia e propaganda política*, Loyola, São Paulo, 1982.

O. Ianni, *O colapso do populismo no Brasil*, Civilização Brasileira, Rio de Janeiro, 1968.

O. Melo, *A República Sindicalista dos Estados Unidos do Brasil*, Tipografia Sal de Terra, Rio de Janeiro, 1931.

O. Ranelletti, *Istituzioni di diritto pubblico*, Cedam, Pádua, 1937.

P. C. Dutra Fonseca, «Nem ortodoxia nem populismo: o segundo governo Vargas e a economia brasileira», en *Tempo*, vol. 28, n.º 14, 2010, pp. 19-58.

P. C. Dutra Fonseca, *Vargas: o capitalismo em construção*, Brasiliense, São Paulo, 1989.

P. Calmon, *História do Brasil*, Editora Nacional, São Paulo, 1939-1940.

P. G. F. Visentini, *Relações exteriores do Brasil (1945-1964): o nacionalismo e a política externa independente*, Vozes, Petrópolis, 2004.

P. P. Z. Bastos, P. C. D. Fonseca (coord.), *A Era Vargas: desenvolvimentismo, economia e sociedade*, UNESP, São Paulo, 2011.

P. Ricci (coord.), *O autoritarismo eleitoral dos anos Trinta e o Código Eleitoral de 1932*, Appris, Curitiba, 2019.

P. S. Pinheiro (coord.), *O estado autoritário e os movimentos populares*, Paz e Terra, Rio de Janeiro, 1979.

P. Schmitter, «Still the century of corporatism?», en *The Review of Politics*, vol. 36, n.º 1, 1974, pp. 85-131.

P. Simon (coord.), *Atualidade de Alberto Pasqualini*, Edições do Senado Federal, Brasília, 2010.

Problemas brasileiros, Sociedade dos Amigos de Alberto Torres, Rio de Janeiro, 1945.

R. Bielschowsky, *Pensamento econômico brasileiro: ciclo ideológico do desenvolvimento*, 2.ª ed., Contraponto, Rio de Janeiro, 1995.

R. Bitencourt da Silva, *Alberto Pasqualini: trajetória política e pensamento trabalhista*, Tese de doutorado em História, Universidade Federal Fluminense, Niterói, 2012.

R. Chaves, *Autoritarismo, questão social e a revista Cultura Política do Estado Novo*, Tese de graduação, orient. F. Gentile, Departamento de Ciências Sociais, Universidade Federal do Ceará, Fortaleza, 2019.

R. Dias, *Imagens de ordem: a doutrina católica sobre autoridade no Brasil (1922-1933)*, Editora da UNESP, São Paulo, 1996.

R. Dultra dos Santos, *Teoria constitucional, ditadura e fascismo no Brasil*, Tirant, São Paulo, 2021.

R. Faoro, «Existe um pensamento político brasileiro?», en *Estudos Avançados*, vol. 1, n.º 1, 1987, pp. 9-58.

R. Faoro, *Os donos do poder*, Globo, São Paulo, 1958.

R. Gertz, *O fascismo no Sul do Brasil*, Mercado Aberto, Porto Alegre, 1987.

R. Lamera, «A contribuição da Assembleia Nacional Constituinte de 1933 para o Brasil: da Revolução de 1930 à Constituição de 1934», en *Caderno CEDEC*, n.º 1, 2011, pp. 1-31.

R. M. Barbosa de Araujo, *O batismo do trabalho. A experiência de Lindolfo Collor*, Civilização Brasileira, Rio de Janeiro, 1981.

R. M. Levine, *Father of the Poor? Vargas and His Era*, Cambridge University Press, Cambridge, 1998.

R. Nocera, A. Trento, *Creer, obedecer, combatir hasta el fin del mundo. El fascismo italiano en Chile (1922-1950)*, Fondo de Cultura Económica, Santiago do Chile, 2022.

R. Patto Sá Motta, *Em guarda contra o perigo vermelho. O anticomunismo no Brasil (1917-1964)*, Eduff, Rio de Janeiro, 2020.

R. Paxton, *The anatomy of fascism*, Allen Lane, Londres, 2004.

R. Silva, *A ideologia do Estado autoritário no Brasil*, Argos, Chapecó, 2004.

R. Vélez Rodríguez, *Castilhismo: uma filosofia da República*, 1.ª ed. 1980, Senado Federal, Brasília, 2010.

S. A. Costa, *Estado e controle sindical no Brasil*, T. A. Queiroz Editor, São Paulo, 1986.

S. Besserman Vianna, *A política econômica no segundo governo Vargas*, BNDES, Rio de Janeiro, 1987.

S. Buarque de Hollanda, B. Fausto (coord.), *História geral da civilização brasileira*, 11 vols., Difel, São Paulo, 1960-2010.

S. Buarque de Hollanda, *Raízes do Brasil*, José Olympio, Rio de Janeiro, 1936.

S. Cassese, *Lo stato fascista*, Il Mulino, Bolonia, 2010.

S. Miceli, *Intelectuais e classe dirigente no Brasil (1920-1945)*, Difel, São Paulo, 1979.

S. Payne, *A history of fascism 1914-1945*, University of Wisconsin Press, Madison, 1995.

S. Schwartzman (coord.), *Estado Novo, um auto-retrato: o Arquivo Gustavo Capanema*, Editora Universidade de Brasília, Brasília, 1982.

S. Schwartzman, *Bases do autoritarismo brasileiro*, Campus, Rio de Janeiro, 1982.

S. Viz Quadrat, D. Rollemberg (coord.), *A construção social dos regimes autoritários*, vols. I-II, Civilização Brasileira, Rio de Janeiro, 2010.

Sociedade dos Amigos de Alberto Torres no sétimo aniversário de sua Fundação, Sociedade dos Amigos de Alberto Torres, Rio de Janeiro, 1939.

T. Cavaliere Mourelle, *O Brasil a caminho do Estado Novo: as cartas de Pedro Ernesto e a trama política que antecede o golpe*, Letras, Rio de Janeiro, 2019.

T. Massoni, *Da indispensabilidade da liberdade sindical para a consolidação democrática: Itália, Espanha e os desafios do Brasil*, Tese de doutorado em Direito do Trabalho, Universidade de São Paulo, São Paulo, 2010.

T. Skidmore, *Brasil: de Getúlio a Castelo*, Paz e Terra, Rio de Janeiro, 1967.

V. Cepeda, «Contexto político e crítica à democracia liberal: a proposta de representação classista na Constituinte de 1934», en *Perspectivas*, n.° 35, 2009, pp. 211-242.

V. Galimi, A. Gori (coord.), *Intellectuals in the Latin Space during the Era of Fascism*, Routledge, Londres, 2020.

V. Giannattasio, *Il fascismo alla ricerca del «nuovo mondo». L'America Latina nella pubblicistica italiana 1922-1943*, Ombre Corte, Verona, 2018.

V. Nunes Leal, *Coronelismo, enxada e voto*, 1.ª ed. 1949, Companhia das Letras, São Paulo, 2012.

V. Santa Rosa, *O sentido do tenentismo*, Schmidt, Rio de Janeiro, 1932.

W. Dean, *A industrialização de São Paulo (1880-1945)*, Difel, São Paulo, 1976.

W. G. Santos, *Cidadania e justiça: a política social na ordem brasileira*, 2.ª ed., Campus, Rio de Janeiro, 1987.

W. G. Santos, *Ordem burguesa e liberalismo político*, Duas Cidades, São Paulo, 1978.

W. L. Ribeiro da Silva, O. Pinto, E. Silva (coord.), *Experiências sindicais no Brasil e no estrangeiro: corporativismo e liberdade sindical*, Páginas & Letras, São Paulo, 2014.

Z. Sternhell, *Naissance de l'idéologie fasciste*, Librairie Arthème Fayard, Paris, 1989.

COLECCIÓN IBEROAMERICANA DE
CIENCIAS
CONSTITUCIONALES

COLEX

TÍTULOS PUBLICADOS

1 Dos estudios sobre la Constitución y su defensa

2 Activismo, auto-restricción judicial y control de convencionalidad en México

3 La ejecución de los dictámenes de los Comités de Naciones Unidas en España: una asignatura pendiente

4 Ecos del fascismo en el Brasil de Getúlio Vargas (1930-1954)

DESCUBRA MÁS OBRAS EN:

www.colex.es

Editorial Colex SL   Tel.: 910 600 164   info@colex.es